# Le Décodeur gestuel

DU MÊME AUTEUR

Aux Éditions First

*Ces objets qui vous trahissent* (2005)
*Ces gestes qui vous trahissent* (édition 2005)
*Le Langage psy du corps* (2004)
*Les Gestes du succès, les mots de la réussite* (2004)
*Ces gestes qui séduisent* (2004)
*Ces gestes qui manipulent & ces mots qui influencent* (2003)
*Le Sens caché des gestes* (2002)
*Les Gestes de la vie professionnelle* (1996)
*Les Gestes de la séduction* (1995)

Aux Éditions Flammarion

*Ne leur dites jamais Parler à ses enfants ça s'apprend* (2005)
Caroline et Joseph Messinger
*Les mots qui polluent, les mots qui guérissent* (octobre 2005)
Joseph et Caroline Messinger

Joseph Messinger

# Le Décodeur gestuel

FIRST
Editions

ISBN 978-2-7540-0218-9
Dépôt légal : 2e trimestre 2006
Imprimé en Italie
Conception couverture : Bleu T

Conception graphique : Georges Brevière

Nous nous efforçons de publier des ouvrages qui correspondent à vos attentes et votre satisfaction est pour nous une priorité.
Alors, n'hésitez pas à nous faire part de vos commentaires à :

Éditions Générales First
27, rue Cassette, 75006 Paris
Tél : 01 45 49 60 00
Fax : 01 45 49 60 01
e-mail : firstinfo@efirst.com

# LES CODES GESTUELS

« Elle tient dans sa main gauche ses clefs de voiture, son paquet de cigarettes, son briquet et son portefeuille. Pas de sac ou de pochette ! Elle paraît inquiète et vaguement stressée. Une femme sans son sac est une image qui me choquera toujours, comme si cet accessoire faisait partie intégrante d'une image presque archaïque de la féminité. L'absence du sac est comme une absence de domicile fixe. Ce type de transport sans réticule est le propre des individus qui ont perdu leur statut ou ont peur de le perdre sous peu. »

Lorsque vous évaluez votre relation à quelqu'un, il est important d'écouter les signaux envoyés par votre corps. Y prêter un peu d'attention peut vous aider à évaluer votre relation en temps réel. Une personne vous fait peur ; les signaux que vous envoie votre corps sont : un sentiment d'inconfort dans le ventre, la chair de poule, une accélération du rythme cardiaque, un froid dans la poitrine, une nausée, les mains moites. Une personne vous attire ; les signaux que peut vous envoyer votre corps sont : un relâchement des épaules, une sensation de légèreté ou une chaleur au creux du plexus solaire, un picotement agréable dans les mamelons, un gonflement du pénis ou du clitoris.

Les réactions corporelles sont une sorte de bulletin météo interindividuel dans lequel on peut tout lire pour autant qu'on sache le décrypter. C'est la raison pour laquelle je vous propose de vous former à ce langage particulier en (re)visitant chaque refrain variable ou alternatif (comme le croisement des jambes, par exemple) ou invariable (comme le croisement des bras). En apprenant à les décrypter, vous allez transformer votre vision du monde. Vous découvrirez que le succès tient souvent à des détails insignifiants. Un geste, un mot, une esquive, un regard, une mimique, peu de choses pour changer de programme de vie.

Savoir à quoi correspondent certains gestes ou certaines postures génériques est une vraie richesse relationnelle. Elle vous permettra de communiquer en connaissance de cause, de décrypter le degré de sincérité de vos interlocuteurs ; de vos vrais faux amis ou de vos ennemis irréductibles, ou de prendre vos distances par rapport aux manipulateurs/harceleurs qui vous gâchent l'existence.

## Qu'est-ce qu'un refrain gestuel ?

Des attitudes, des codes gestuels ou des postures sociales qui se répliquent toujours à l'identique ou de manière alternative quel que soit le contexte de leurs apparitions.

Quand vous croisez les bras, vous reproduisez un refrain gestuel invariable. Pourquoi ? Parce que vous croisez toujours le bras droit sur le gauche ou l'inverse. Le refrain gestuel invariable est indépendant du contexte. Il est l'amplificateur du tempérament de l'individu, coulé une fois pour toutes dans l'ambre de la personnalité, contrairement au refrain gestuel alternatif qui est interdépendant du contexte et qui représente l'expression gestuelle d'une réaction émotionnelle adaptée à un contexte particulier. Quand vous croisez les jambes, la droite recouvre la gauche ou vice versa en fonction d'un critère essentiel : soit vous maîtrisez la situation, soit vous vous contrôlez, comme nous le verrons dans la fiche consacrée au croisement des jambes. Quelle est la différence entre la maîtrise et le contrôle ?

À votre avis ? Celui qui apprend une langue étrangère contrôle constamment ses acquis, celui qui la parle couramment maîtrise cette langue.

Si vos gestes vous paraissent insignifiants, laissez votre corps au vestiaire et dites à votre esprit d'entrer. Cela vaut peut-être mieux, car si votre corps ne vous aime pas, vos gestes vous trahiront à la première occasion. Il suffit parfois d'un geste décalé pour jeter à terre une forteresse de mots si bien construite.

Les gestes sont des codes révélateurs des négatifs ou des positifs de la personnalité. À force d'observer les réactions de votre propre corps, vous finirez par vous connaître mieux que votre mère. Une façon comme une autre de devenir adulte. Après, vous pourrez observer les réactions des autres et vous constaterez qu'un élan de sympathie tient parfois à peu de chose.

Un geste et tout est déjà dit, avant que les mots entrent dans la danse !

*Le corps exprime ce que la conscience ne veut pas savoir ou ce que l'esprit ne sait pas encore.*

Joseph Messinger

# A comme...

## ALLUMETTE (gratter une)

**Code gestuel invariable**

Quel est le rapport entre la manière de craquer une allumette et votre degré de générosité ou de compassion ? Le feu est un symbole archétypique dans la mémoire collective de l'Humanité. Il est l'équivalent de l'énergie qui anime votre âme ou votre conscience d'être, si vous préférez. Le feu offert à l'autre est une manière de lui transmettre un message. Toute offrande doit d'abord me satisfaire avant d'être donnée à l'autre, tel est le sens du craquement centripète de **l'égocentrique.** Il est évidemment moins compassionnel et/ou solidaire que l'individu allocentrique (sociable) qui offre son feu centrifuge afin d'établir une relation d'aide.

Juste un petit détail ! On peut être égocentrique et généreux, mais on ne peut être égoïste et généreux. Un égocentrique semble ne s'intéresser qu'à ses propres besoins et aux gens dont il peut tirer profit. Il est cependant capable de tenir compte de l'intérêt de l'autre pour protéger ses propres intérêts. Un égoïste ne vise qu'à satisfaire ses propres besoins sans se préoccuper d'autrui ou du tort qu'il est susceptible de causer à son voisin.

*Si vous grattez instinctivement votre allumette vers vous,* c'est-à-dire de manière centripète, vous êtes égocentrique. Votre mode d'intégration sociale passe par une reconnaissance et un respect de votre individualité (une valeur essentielle à vos yeux) par l'autre ou le groupe. La participation, ce n'est pas votre truc, la compassion non plus. Pour l'individualiste que vous êtes, l'amitié est une valeur sûre quand l'adversité devient un fonds de commerce.

*Si vous grattez instinctivement vos allumettes vers l'extérieur,* vous êtes allocentrique. Votre mode d'intégration passe par une reconnaissance du groupe de votre utilité à la collectivité. Vous êtes évidemment doué d'un esprit d'équipe. Dans un couple, la femme qui gratte son allumette vers l'extérieur vit généralement par, pour et à travers son époux et sa famille. L'allocentrique vit très mal un isolement social qui lui serait imposé par des circonstances indépendantes de sa volonté. Certains délinquants sociables (ça existe ! on peut être caractériel et sociable) libérés de prison ne supportent pas la vie asociale que leur impose la société et récidivent pour retourner en prison. Les allocentriques sont compassionnels.

## APPLAUDISSEMENT

**Code gestuel invariable**

Votre manière d'applaudir au spectacle n'est pas un effet gesticulatoire gratuit. Elle détermine votre niveau d'enthousiasme ou votre sens critique face à la prestation à laquelle vous avez assisté ou face à l'artiste. Cependant, le spectateur prosélyte ne sera jamais critique. En revanche, le spectateur critique pourra devenir prosélyte (et applaudir des deux mains à mi-course) si son enthousiasme a été éveillé par la qualité de la prestation.

### Le prosélyte

*Si votre main gauche percute la main droite,* votre mode d'applaudissement est favorable ou bienveillant. Il est invariable. Il signifie que vous êtes fondamentalement un prosélyte, bon public *a priori* et surtout très festif. *Vous appréciez la prestation au lieu de juger la valeur de l'artiste.* Si vous êtes gaucher, le sens de mode d'applaudissement sera à l'inverse du droitier : critique et non prosélyte.

### Le critique

*Quand votre main droite percute la main gauche,* votre mode d'applaudissement est évaluateur, voire critique. Ce mode fait de vous un spectateur ou un auditeur plus difficile à satisfaire. *Vous jugez la valeur de l'artiste au lieu d'apprécier la prestation.*

### L'enthousiaste

Il existe un troisième mode qui consiste à *percuter les deux mains à mi-course devant soi.* C'est le mode universel de l'enthousiasme que nous sommes tous susceptibles d'adopter quand nos émotions sont bouleversées. Tous les enfants applaudissent de cette manière, certains adultes aussi. Ils rejoignent la catégorie « bon public » représentée par les prosélytes. L'enthousiasme a le mérite de rajeunir ceux qui en abusent.

## APPUIS

**Codes alternatifs**

### Les mains en appui : exécutant

Les personnes modestes posent leurs poignets ou leurs mains sur le bord de la table, comme si elles s'apprêtaient à manger chez leurs hôtes. Cette attitude peut aussi résulter de l'interdiction de poser ses coudes sur la table, interdiction parfaitement stupide dont nous avons tous fait les frais. Ce refrain révèle un tempérament soumis aux règlements ou à la hiérarchie, plus exécutant qu'entreprenant.

### Les avant-bras en appui : entreprenant

Les avant-bras en appui sur l'arête de la table signalent un individu plutôt précieux qui prend ses distances avec un interlocuteur qu'il méprise. En revanche, quand les avant-bras reposent carrément sur la table, cette attitude dévoile un profil entreprenant.

## Les coudes en appui : penseur

« Tous les intellectuels ont cette sale manie de poser leurs coudes sur la table, affirmait ma tante Sarah. Elle ne les aimait pas, les intellos. Mon oncle en était un. Elle ne l'aimait pas non plus. Et quand je suis devenu à mon tour un intellectuel, elle m'a chassé de ses pensées, mais je suis resté bien au chaud dans son cœur ».

Juste une photo de famille en quelques phrases pour mettre en scène les coudes en appui et du sel dans votre esprit. Une manie propre à tous ceux qui pensent plus souvent qu'ils n'agissent. Et les « ceux qui pensent » sont bien utiles à tous les « ceux qui agissent » et aux autres qui obéissent aux ordres. Il faut de tout pour faire un monde, n'en déplaise à ma tante Sarah.

# B comme...

## BÂILLON

Votre interlocuteur, coude en appui, dissimule et écrase sa bouche avec la paume de l'une de ses mains.

La bouche bâillonnée est un geste tellement courant que personne ne peut imaginer ce qu'il signifie réellement. Ce n'est pas un bâillon destiné à empêcher la bouche de parler. Que ce soit la pince pouce index qui couvre les lèvres, le poing fermé, l'index seul ou la main entière ne change pas la signification de ce refrain gestuel alternatif. Selon Desmond Morris « … on peut aussi se couvrir la bouche pendant une conversation. Une personne peut porter la main à la bouche pour la dissimuler en partie (quand elle rit ou qu'elle baille, par exemple) et même parfois l'y laisser tout en continuant à parler. Il s'agit, selon Morris, d'une tentative d'étouffement tant au propre qu'au figuré, se produisant quand on cherche à cacher quelque chose à son interlocuteur. C'est un signal secret d'ambiguïté ou de duperie. La main se porte à la bouche comme pour étouffer les paroles qui pourraient en sortir. Il ajoute qu'il se peut aussi que votre interlocuteur cherche à vous dissimuler une vérité pénible ».

Desmond Morris oublie de signaler d'autres contextes courants où la main se porte instinctivement à la bouche.

- Quand on écoute l'autre attentivement.
- Quand on relit son texte sur l'écran d'un ordinateur ou quand on lit un livre.
- Quand on est surpris.
- Quand on veut dissimuler son ironie.

Pour ne citer que les exemples les plus courants.

## Quand on écoute l'autre...

La main sur la bouche est un signal d'attention soutenue bien plus qu'un signal de duperie ou d'ambiguïté, dans ce cas précis. La bouche reçoit gestuellement l'ordre de se taire pour que le cerveau puisse analyser les propos du locuteur. Cependant, Desmond Morris n'a pas tort du tout quand il parle de duperie ou d'ambiguïté, sauf qu'il oublie de situer la latéralité de ces deux critères. **La main gauche** peut trahir le tempérament simulateur ou un individu susceptible de tricher le cas échéant (la duperie). **La main droite** révèle un individu qui peut devenir ambigu, par excès d'esprit polémique. Ce ne sont là que des éventualités.

### Quand on lit ou se relit…

À ce niveau, il s'agit clairement de rassembler les neurones partis à la récré. La main gauche révélera un besoin de faire appel à l'inspiration. La main droite, à la réflexion. Au cours de la relecture, la main en bâillon est un réflexe gestuel invariable. La main gauche en bâillon révèle un personnage plus impulsif que réfléchi, plus créatif que méthodique. L'émotion mène le bal. La main droite en bâillon trahit un sujet cartésien, méthodique et parfaitement organisé mentalement. L'émotion passe au second plan, pour autant qu'elle intervienne.

### Quand on est surpris…

Parce que la brutalité d'une nouvelle grave, d'une information ou d'une récompense inattendue perturbe avec violence les émotions d'un individu. Il s'empêche symboliquement de crier sa peine ou sa joie. C'est généralement la main gauche du droitier qui se porte spontanément à la bouche. C'est d'ailleurs à ce niveau qu'on piège les mauvais comédiens qui portent leur main droite à la bouche pour simuler la surprise. Pourquoi la main gauche ? Parce qu'il faut conserver à la main droite offensive la capacité d'agir ou de réagir.

### Quand on cherche à dissimuler son ironie...

C'est le propre des personnages qui font appel à leurs mains pour cacher leurs éclats de rire. **La main droite** trahit une honte ou une gêne que le rieur dissimule sous un sourire ironique. **La main gauche** indique un personnage indécis qui fait semblant de jouer les décideurs en se moquant de son interlocuteur sur lequel il projette ses lacunes. À ce propos, Céline Dion rit de bon cœur en cachant sa bouche de sa main gauche et en se tapant la cuisse de la main droite. Nulle trace d'ironie dans cette attitude, mais Céline est un clown qui aime se moquer d'elle-même, l'ironie, si on admet qu'elle existe, est donc auto-dérisoire. Le fait de frapper sa cuisse en riant est un signe de convivialité. Il est vrai que la plus grande voix contemporaine est très partageuse de sa bonne humeur. La main gauche sur la bouche de Céline

Dion signifierait que les décisions sont prises par son mari, René Angélil, auquel elle doit toute sa carrière.

### Quand on dit une bêtise...

La main vient clore le bec avec un temps de retard. Trop tard pour ravaler la stupidité qui vous a pris de court. Comme toujours !

## LE BÂILLON POUCE-INDEX

*Votre interlocuteur dissimule sa bouche sous la pince pouce-index ouverte, comme s'il bâillonnait le bas de son visage, coude en appui.*

Il s'agit d'une attitude défensive sur fond de méfiance. Il vous trouve trop poli pour être tout à fait honnête, raison pour laquelle il protège d'ailleurs ses gencives. Si vous êtes en train de lui faire des promesses alors qu'il affiche ce geste, sachez qu'il ne vous prend pas au sérieux. **À gauche,** il se protège émotionnellement contre vos arguments ou votre pouvoir de persuasion. **À droite,** il prend vos mesures et recherche le meilleur moyen de vous contrer. Le bâillon pouce-index est un geste courant visible dans toutes les bonnes brasseries où déjeunent les cadres, dynamiques par définition.

## BRAS CROISÉS

**Code gestuel invariable**

Au-delà du territoire corporel, nous disposons tous d'un territoire mental souvent vulnérable parce qu'en butte aux invasions diverses et variées des images qui frappent la rétine, des odeurs qui pénètrent par nos narines et des sons qui viennent se cogner à nos tympans. Le cerveau a institutionnalisé des moyens de défense pour protéger ce territoire mental, une série de refrains gestuels et de postures invariables ou alternatives, dont le croisement des bras est le plus remarquable. Ce dernier est un véritable outil de défense du territoire mental et non du territoire corporel, comme on pourrait être tenté de le croire.

Le premier territoire de l'Homme, c'est sa confiance en lui. Sa capacité de réussir dépend essentiellement de ce territoire exposé à toutes les pollutions intra ou extra psychiques. Le mode de gestion ou de défense du territoire mental est symbolisé, a priori, par le refrain gestuel réflexe du croisement des bras. Il est le premier de tous les modes de communication gestuelle et sans doute le plus important, le plus courant et le plus banal. Les raisons qui favorisent sa reproduction sont multiples.

- Le doute et l'insécurité
- L'impression d'invasion verbale, comme lorsqu'un interlocuteur cherche à vous persuader ou à vous monopoliser.
- L'attente ou l'ennui.
- Face à une personne ou un collègue bavard qui vous accapare ou dispose de vous sans se soucier du temps perdu du style : « Je me suis dit que... Je me demande si vous ne pourriez pas... »
- Quand vous ressentez une hostilité envers l'autre ou de sa part, les bras croisés ont la même valeur que les jambes croisées en mode répulsif (voir à jambes).
- L'agressivité verbale d'un interlocuteur, etc.

Mis en situation d'examen, vous protégez d'office votre territoire mental (confiance en soi) en croisant les bras. Face à un interlocuteur qui détient un pouvoir d'influence ou de nuisance, le croisement des bras est une barrière dérisoire mais obligée. Quand l'appréhension du résultat s'installe, la confiance en soi s'efface et les bras se croisent ; quand la confiance en soi s'installe, l'appréhension du résultat s'efface et on décroise les bras. Tel est le lien de cause à effet qui institutionnalise cette réaction corporelle archi banale et pourtant essentielle.

**La fréquence du croisement des bras** est un signal fort et surtout prédictif du climat mental à la conscience. Il faut y être attentif car il signifie que la confiance en soi est ébranlée et qu'elle est remplacée par le doute. Ce qui me conduit à prétendre que le décryptage gestuel est un filtre protecteur pour tout individu qui en maîtrise les ressorts.

Nombre de femmes se promènent dans les endroits publics les bras croisés. Cette manie est typiquement féminine. Les hommes ne croisent les bras qu'en face à face. La confiance en soi de ces femmes est-elle perturbée ? Il existe aussi un rapport biopsychologique entre la confiance en soi de la femme et ses seins. Elle croise peut-être les bras pour les protéger d'une violence visuelle de l'Homme ? De même, les hommes ont tendance à croiser les doigts au niveau de l'entrejambe quand ils sont assis. On protège ses attributs sexuels comme on peut…

Pour en revenir aux bras, la confiance en soi vacille et les bras se croisent. Il ne faut pas empêcher les bras de se croiser, mais prendre conscience de la reproduction instinctive de ce mouvement. C'est un signal qui révèle toujours et sans exception une invasion du territoire mental. Il en résulte logiquement que les personnes qui croisent systématiquement les bras sont plus influençables ou impressionnables que les autres.

Si chaque fois que vous croisez les bras, vous vous donnez la peine de situer l'origine de ce réflexe, vous renforcerez *ipso facto* votre confiance en vous-même et vous mettrez le doute en situation d'échec. Êtes-vous offensif ou défensif ?

## Le profil offensif

**Votre bras droit est dominant** et vous avez un mode de communication **offensif.** Hommes ou femmes d'action, le mode de gestion de l'espace vital des profils offensifs gestuels est fondé sur l'attaque, le risque, l'invasion, l'audace et surtout **l'affirmation de soi.** Pour l'offensif, il est impératif d'exister aux yeux des autres en toutes circonstances. L'offensif alimente sa confiance en soi par le succès de ses entreprises. Plus proactif que réactif, il est branché en permanence sur le futur et considère souvent le passé comme dépassé.

## Le profil défensif

**Est-ce votre bras gauche qui domine ?** Dans ce cas, vous avez un mode de communication défensif. Doté d'un bon esprit d'équipe, le défensif est un individu qui réfléchit avant d'agir là où l'offensif agit d'instinct et réfléchit après coup. Il puise son estime de soi dans la confiance que les autres placent en ses compétences. Ce qui le caractérise, c'est son besoin d'être intégré ou accepté par le groupe. C'est un homme ou une femme de couple, de tribu ou de clan dont le territoire mental se modèle sur le credo de ceux auxquels il ou elle s'identifie. Dotés d'un esprit d'équipe, les profils défensifs sont des hommes et des femmes qui ont une faculté de recul qui manque aux offensifs. Si vous êtes défensif, le mode de protection de votre espace vital est fondé sur la prudence ou la méfiance. Individu sédentaire, plus attaché à ses racines, à son travail et à la continuité que l'offensif, il est fidèle à ses amitiés et à ses convictions.

Peut-on devenir offensif après avoir été défensif ? En principe, non ! Quelques individus croisent les bras des deux manières, mais ils représentent une infime minorité. Cette double identité territoriale peut enfin découler d'un stress majeur ou d'un surmenage qui perturbe la confiance en soi. Mais ce n'est qu'une hypothèse de travail ! L'identification territoriale est fondamentale dans l'économie de la personnalité, tout comme n'importe quel phénomène qui permet de s'identifier pour permettre à l'institution qu'est le Moi de conserver sa confiance en soi ou son estime de soi.

# BRIQUET

L'allumage du briquet par les pouces gauche ou droit est un refrain gestuel invariable. La flamme est interne ou externe, suivant les individus.

**La flamme interne** indique un sujet qui recherche un moyen de plaire à ses interlocuteurs. La flamme est présentée de manière latérale interne ou centripète, c'est-à-dire vers celui qui donne le feu. L'échange relationnel amical ou l'établissement d'une relation complice prime sur l'utilité ponctuelle ou l'aspect purement séducteur de la relation. La flamme interne révèle un individu plus narcissique que séducteur. Un séducteur passif en quelque sorte !

**La flamme externe** désigne un sujet qui vise à séduire ses interlocuteurs. La flamme est présentée de manière latérale externe ou centrifuge, c'est-à-dire vers la personne qui reçoit le feu. L'utilité de l'échange relationnel l'emportera au détriment de l'établissement d'une relation amicale. La flamme externe est typique du **séducteur actif.**

**Le séducteur actif** se fonde sur le mode verbal

ou gestuel tandis que **le séducteur passif** se fonde sur le mode auditif ou plastique. Soit il a les moyens de plaire au travers de son apparence, soit il plaira parce qu'il est disponible à l'autre et use d'un discours gratifiant. Ce code réflexe peut paraître anodin, il est pourtant fondamental dans la mesure où nous avons tous besoin de conforter notre besoin de plaire ou de séduire l'autre. Il n'y a pas de communication sans séduction en filigrane. Même l'agressivité ou l'indifférence sont des modes de séduction.

## Les allumages atypiques

On peut allumer un briquet jetable avec d'autres doigts que le pouce. Notamment les index ou les majeurs. Dans ces cas-là, le choix de la main indique le mode de séduction, mais pas seulement.

**Main gauche :** besoin de plaire.
**Main droite :** besoin de séduire.

L'allumage par l'index trahit le « tombeur » ou le dragueur agressif. Trop sûr de lui à droite, possessif ou élitiste à gauche. L'allumage par le majeur révèle l'égoïste patenté. L'attachement que l'égoïste porte à sa personne l'amène systématiquement à subordonner l'intérêt d'autrui à son propre intérêt. Le majeur gauche indique un personnage très centré sur l'impression qu'il fait à son entourage. Il vit pour paraître. Le majeur droit traduit un séducteur actif psychologisant ou intellocrate. En tout état de cause et quel que soit le doigt allumeur, c'est toujours l'orientation de la flamme qui prévaut.

# C comme...

## COUDES DE SOUTIEN

**Refrain alternatif**

Les **auditeurs subjectifs** traduisent leur écoute en image, ils sont créatifs. Les **auditeurs objectifs** analysent le discours de l'autre sans se référer à leur imaginaire. Il n'y a pas de créativité sans subjectivité. Le créatif est un individu qui est capable d'imaginer la réalité d'une diversité de points de vue différents tous virtuels et apte à les projeter dans le réel. La subjectivité est une forme d'appropriation de la réalité. Le créatif s'approprie un événement et le déplace virtuellement dans un contexte qui lui paraît plus approprié. L'objectivité n'autorise pas ce genre de gymnastique mentale.

Sur le plan de l'écoute, l'objectivité ou la subjectivité dépendent évidemment de l'intervention des aires cérébrales. L'aire gauche commande la partie droite du corps et forcément le coude droit. Le coude droit en tant que support indique donc **un mode d'écoute objectif,** en règle générale. Le support gauche trahit, en principe, **un mode d'écoute subjectif.**

Le support de la tête par le coude est un refrain gestuel alternatif. Les introvertis ont tendance à utiliser le coude gauche comme pilier de soutien mais ils peuvent en changer suivant les sollicitations auxquelles ils sont soumis, les extravertis privilégient le coude droit *a priori.* Quant à l'utilisation récurrente des deux coudes en appui, elle est surtout le signe d'une grande fatigue mentale ou intellectuelle ou d'un besoin de s'abstraire du débat.

## CUILLER

**Code gestuel invariable**

Si la cuiller saisie de la main droite tourne dans le sens des aiguilles d'une montre, la cuiller saisie de la main gauche tourne dans le sens contraire.

**La rotation de la cuiller tenue par la main motrice est centrifuge.** Elle tourne dans le sens des aiguilles d'une montre. Le besoin de donner prime sur le besoin de posséder. Le profil centrifuge s'imprègne du Moi de l'autre. Il fonctionne sur le mode oblatif et solidaire.

Si la cuiller saisie de la main motrice tourne dans le sens contraire des aiguilles, la cuiller saisie de la main gauche tourne dans le sens des aiguilles, **la rotation de la cuiller est centripète.** Le besoin de posséder handicape la générosité. Le profil centripète projette son moi sur l'autre. Il est égocentrique.

# D comme...

## DOIGTS

## DOIGTS EN ANGLE DROIT

**Code gestuel alternatif**

Les doigts sont collés deux par deux et forment un angle droit en forme de demi-cadre du visage. Le pouce soutient le menton, annulaire et auriculaire soulignent les lèvres, index et majeur sont dressés en double canon scotché à la joue ou à la tempe. L'attitude est très charismatique et surtout très télégénique. À la base, c'est un geste d'évaluation, mais sa reproduction à gauche ou à droite en fait un refrain gestuel réflexe alternatif. Suivant l'intérêt que vous porterez aux arguments ou aux propos de votre interlocuteur, vous êtes susceptible de voyager de la gauche vers la droite et retour à la case départ.

### Rationnel

À droite, il désigne un individu qui pèse les avantages ou les inconvénients de vos propositions. Il n'est pas acquis. Il est sous l'influence du cerveau gauche. On pourrait déceler un brin d'ironie dans son regard ou sur ses lèvres. Il mesure la distance qui vous sépare de lui.

### Créatif

À gauche, votre interlocuteur imagine. Son esprit est alimenté par ses émotions et son cerveau droit. Vous l'avez séduit ou vous êtes en train. Lâchez-lui la bride, donnez-lui le temps de se persuader que vous êtes la personne qu'il lui faut ou que votre proposition lui convient à merveille. Votre meilleur allié, c'est son cerveau affectif. En le bloquant sur cette macro-fréquence mentale, vous esquivez toute tentative de manipulation frontale. Dans une autre dimension, cette latéralité du cadrage digital appartient aussi au registre gestuel de la séduction.

## DOIGTS COMPTABLES

L'utilisation des doigts de la main gauche ou droite pour énumérer ses arguments est un code gestuel réflexe invariable. Instinctivement, le locuteur fait toujours appel à la même main pour appuyer son argumentation. La main active est celle qui désigne, la main passive est celle qui sert de boulier.

**S'il s'agit de la main gauche** en tant que main passive, son discours repose sur la manipulation des émotions de son interlocuteur, il sera implicite. **S'il utilise la main droite** comme main passive, son mode d'argumentation se fonde sur son besoin de faire autorité, il sera explicite.

*Primo, secundo et tertio* ne peuvent s'exprimer sans les doigts ! Les abonnés aux doigts comptables sont des individus qui ont souvent besoin de remettre de l'ordre dans le désordre de leurs pensées. Ils ont la vue trop courte pour envisager une stratégie d'ensemble et se rabattent sur une tactique digitale primaire pour enfermer les solutions dans des bocaux de confiture. Individus explicites et affirmatifs ou implicites et manipulateurs font souvent appel à ce stratagème pour canaliser le débat et incarcérer leurs adversaires dans une direction à sens unique. L'énumération digitale est également une manie propre aux tribuns qui se retrouvent souvent confrontés à des adversaires coriaces. Elle appartient à la gestuelle de l'argumentation. L'énumération est aussi un moyen idéal pour remettre les choses en perspective ou rationaliser le débat avant de conclure. Hélas, le mode d'énumération est surtout une véritable traîtrise du subconscient, épris de vérité, en comparaison de la conscience qui excelle dans l'usage de la contrevérité. Il révèle les failles de celui qui se veut rassurant et donne l'impression de maîtriser son sujet. Le simple fait d'énumérer ses arguments avec l'aide de ses doigts est déjà un aveu de faiblesse en soi. Les *primo, secundo, tertio* qui ont besoin d'un appui gestuel sont des arguments auxquels il manque toute la conviction suffisante et nécessaire pour persuader l'adversaire. Par-delà les mains gauche ou droite, l'énumération s'opère souvent avec le même doigt. Ce qui enrichit encore l'interprétation gestuelle.

### S'il énumère à partir du majeur gauche

À bout d'argument face à la faiblesse congénitale de vos mécanismes de compréhension, votre collègue se met à énumérer ses arguments à partir du majeur gauche vers le pouce en se servant du pouce ou de l'index de l'autre main, ce qui en langage gestuel signifie que la crédibilité de son image publique est le seul capital auquel il porte un intérêt exclusif. Il vit pour paraître et n'existe effectivement qu'à travers ses apparences.

### S'il énumère à partir du majeur droit

Cela signifie que ses préjugés lui tiennent les neurones bien au chaud. Pourquoi démarre-t-il au majeur droit ? Doigt symbolique de l'organisation mentale, le majeur droit est aussi le point d'ancrage des idées préconçues et des préjugés. Il remonte vers l'index droit (autorité) et vers le pouce droit (désir… de convaincre).

### S'il énumère à partir de l'auriculaire droit

Littéralement, il part du futur pour retourner vers le passé. Révisionniste, il est parfaitement capable de remettre la vérité historique au goût du jour tout en restant aussi implicite que possible.

### S'il énumère à partir de l'auriculaire gauche

Nostalgique d'une époque révolue, il se recentre sur son expérience passée pour progresser vers un présent qui ne le satisfait pas mais qu'il fait semblant d'accepter.

## S'il énumère à partir du pouce gauche

Je vous rappelle que le pouce gauche symbolise le plaisir mais aussi le rêve et l'imaginaire le plus débridé. Ce mode d'énumération trahit un personnage épidermique, bordélique et illogique et un sophiste distingué.

## S'il énumère à partir du pouce droit

L'individu est ambitieux, voire arriviste. Il est prêt à tout ou presque pour atteindre son objectif, ce qui ne signifie pas automatiquement qu'il a les moyens de sa politique.

En conclusion, rappelez-vous toujours que celui qui énumère fréquemment n'a pas les idées claires ! Aurait-il besoin de l'aide de ses doigts pour exposer et ordonner ses arguments si ceux-ci étaient bien rangés dans son esprit ? Non, n'est-ce pas ? Ce raisonnement tombe sous le sens.

Il peut arriver à tout le monde d'avoir recours aux doigts comptables sans pour autant se retrouver avec une étiquette de manipulateur collée sur le front. On y a généralement recours quand on n'est pas très sûr de soi. Alors, êtes-vous main droite ou main gauche passive ?

# LES DOIGTS CROISÉS

Geste de supplication, le croisement des doigts assure une meilleure interconnexion entre les deux aires cérébrales symbolisées par les mains. Ce geste revient dès lors à une façon symbolique de reconnecter les énergies entre les deux cerveaux. Mais ce n'est là qu'un aspect très conventionnel du rôle que joue le croisement des doigts. Toute communication repose sur une fréquence dynamique des sentiments (dite aussi dynamique mentale) qui anime le territoire mental (pour mémoire : le siège de la confiance en soi). Soit cette fréquence est affective et/ou émotionnelle, soit elle est cognitive et/ou rationnelle.

Dans tous les cas de figure, soit la raison domine l'émotion et vous êtes cognitif, soit l'émotion domine la raison et vous êtes affectif.

## L'émotion domine la raison

Si vous croisez les pouces sur le mode affectif, le pouce gauche dominant indique la fréquence sur laquelle repose la dynamique de vos sentiments : votre fréquence dynamique est émotionnelle. La fréquence équivaut notamment au ton du discours, le ton de l'affectif est plus passionnel que celui du cognitif.

Sensible, créatif, curieux de la nouveauté, tolérant, vous êtes un homme ou une femme qui cultive le plaisir, privilégiant la qualité de vie « ici et maintenant » au désir d'aboutir. Le pouce gauche dominant est investi dans toutes les déclinaisons du plaisir, de l'émotion à l'imagination, de la créativité à l'empirisme. Le pouce gauche dominant s'engage au coup de cœur et marche à l'inspiration. Il est très souvent plus autodidacte, empiriste, instinctif ou intuitif que rationnel. **Il croit que ce qu'il ressent est vrai.**

## La raison domine l'émotion

Si vous croisez les pouces sur le mode cognitif, votre fréquence dynamique est empreinte d'une certaine rigidité. Votre communication est rationnelle et pragmatique, la plupart du temps. La fréquence correspond au ton de voix du discours, un ton plus uniforme, voire monocorde, que celui de l'affectif.

Le pouce droit dominant est cartésien, **il croit que ce qu'il voit est vrai.** Plus ambitieux que motivé, c'est un homme ou une femme de désir, au sens large du terme. Il ne mesure jamais la distance avant de l'avoir franchie, contrairement au pouce gauche dominant. Sur le plan de la communication, son esprit critique le rend plus difficile à influencer ou à convaincre. Sa faculté de s'enthousiasmer est plus modérée mais aussi plus durable.

### Un cas de figure particulier : les pouces croisés en alternance

L'alternance du croisement gauche-droite pour les pouces dévoile un état de surmenage. Ce type de conduite apparaît souvent dans les débats télévisuels chez des invités qui ne savent plus comment se sortir d'une situation qui les perturbe. Ils perdent littéralement les pédales.

Si vous faites l'essai, vous constaterez que le croisement inverse de votre croisement habituel est inconfortable. Ce refrain gestuel est invariable pour cette raison. Sa modification intempestive indique clairement une confusion entre le présent et le futur.

## Tout croisement est un renoncement !

Nous croisons les doigts à tout bout de champ et dans une kyrielle de postures qu'il serait impossible de dénombrer et aussi inutile à répertorier. J'en extrais quelques manières de croiser les doigts qu'on remarque plus fréquemment que d'autres et dont j'ai réussi à percer le secret. Chacune des attitudes reprises ci-dessous fait partie de la comédie des gestes d'influence qui pourrait influencer votre libre arbitre si vous en êtes le reproducteur. Les croisements de doigts ne sont jamais innocents, car ils évoquent un maillage protecteur contre l'entourage et se reproduisent en toutes circonstances, mais plus souvent encore quand vous êtes mis sur la sellette. *A priori,* croiser ses doigts, c'est se donner la main (à défaut de l'offrir à l'autre) et s'accorder une dose d'affection et/ou de réassurance dans une situation de tension ou de stress. *A posteriori...*

### Les chevrons

Par exemple, le croisement des doigts en chevrons est un signal de panique ou de trac pur et dur que vous pouvez apercevoir dans la plupart des talk-shows. C'est un croisement prioritairement féminin, mais certains hommes y ont recours sans être pour autant efféminés. La longueur des doigts est un critère morphologique qui entraîne ce type de croisement. Si vous avez des mains de pianistes, vous aurez tendance à croiser vos doigts en chevrons en situation d'examen.

**La courte échelle**

Les doigts sont croisés, paumes tournées vers le haut, comme si le sujet s'apprêtait à faire la courte échelle. Ce geste particulier révèle une sorte d'appel au secours. Il est fréquent chez les individus en situation précaire, prêts à se soumettre à toutes les influences, si ces dernières leur permettent de sortir la tête de l'eau. L'opportunisme connoté est transparent.

**Le filet**

Les doigts imbriqués se croisent et se décroisent à plusieurs reprises, les pouces restant toujours écartés. Ce refrain gestuel est fortement prisé par tous les irresponsables qui se retirent derrière l'appareil pour motiver leurs actes. Geste limitant comme les mailles d'un filet dont ils se sentent prisonniers, mais dont ils s'accommodent sans trop de scrupule. C'est une séquence hyper courante dont je vous conseille de vous méfier dès qu'un interlocuteur la reproduit sous votre nez. Ce refrain gestuel indique, entre autres, que le reproducteur n'aime pas endosser les responsabilités de sa charge et payer pour des fautes qu'il a commises bien malgré lui.

**La herse**

Votre interlocuteur entrecroise ses doigts en forme de herse, doigts tendus. Le manque de franchise est ce qui caractérise le plus le sujet qui reproduit souvent ce code gestuel. Geste qui trahit aussi l'envie de castrer l'autre. La herse est difficile à franchir au propre comme au figuré.

**L'engrenage**

Les doigts en engrenage croisés vers l'intérieur, pouces écartés, paumes ouvertes vers l'intérieur. Le maillage des doigts croisés est produit à l'inverse d'un croisement habituel. Le geste est étonnant et doit être légèrement douloureux, surtout si le producteur porte des bagues aux doigts. Ce code particulier est une fraude manifeste. Il dévoile un individu psychorigide en contradiction avec le côté conciliant et tout sourire du personnage. Et si sa gentillesse très superficielle cachait un tueur potentiel qui attend son heure pour abattre ses cartes et vous, par la même occasion ! Méfiez-vous des engrenages ! Ils sont le fait d'individus de très mauvaise foi, hyper accro à leurs prérogatives ou aux pouvoirs qui leur sont confiés. Si vous refusez de danser comme ils chantent, ils vous évacueront sans l'ombre d'une hésitation.

**L'engrenage** est un refrain gestuel privilégié par des individus narcissiques, égotistes et très jaloux. C'est aussi un code gestuel qui annonce la panique à bord. J'ai été agréablement surpris d'observer ce croisement des doigts singulier chez un ancien ministre allemand qui a écrit un ouvrage accréditant la thèse d'un complot américano-sioniste en rapport avec le drame du 11 septembre 2001. Un *remake* du « Protocole des sages de Sion »,[1] sans doute ! La mauvaise foi ne vous échappera plus dorénavant.

(1) Un faux procès verbal antisémite datant de 1903.

## LES DOIGTS DE L'INSPIRATION

Il fume sa cigarette en posant régulièrement l'un de ses doigts entre ses lèvres, mais lequel ? La cigarette est maintenue entre l'index et le majeur, reste le pouce, l'annulaire et l'auriculaire, au choix.

On n'observe jamais assez le fumeur en phase de cogitation intense. La manière dont il se sert de sa cigarette pour réveiller son inspiration est carrément prédictive. Le fumeur qui réfléchit glisse toujours un doigt libre entre ses lèvres. Ce détail insignifiant caractérise le mode d'influence qu'il privilégie habituellement. Les doigts glissés entre les lèvres ne sont jamais des signaux de sympathie ou d'alliance, mais ceux d'un véritable adversaire, voire d'un ennemi potentiel, qui se présente souvent comme un allié à l'origine. C'est le geste du traître qui s'ignore !

S'il suce son auriculaire gauche, il recherche toujours une inspiration dans son passé ou ses souvenirs. Il arrive aussi que ce doigt soit suçoté sans intervention de la cigarette. Auriculaire droit, il sollicite son imaginaire pour élaborer une stratégie qui lui permettra de désarçonner son interlocuteur. L'annulaire gauche révèle un investissement fragilisé. Il se sent largué. L'annulaire droit indique que sa détermination est en manque de carburant. L'envie de conclure n'est pas aussi ferme qu'il pourrait l'affirmer de vive voix. Il suce son pouce gauche. Il exprime son hyper émotivité. Quant au pouce droit glissé entre les lèvres, il trahit ses appréhensions. Les majeurs et les index sont hors-concours. Il faut bien deux doigts pour tenir la cigarette. En conclusion, rappelez-vous toujours qu'un fumeur qui suçote l'un de ces trois doigts n'est pas un « bon client ». En langage télévisuel, un mauvais client est un invité « pipole » dont les exigences sont sans rapport avec sa cote de popularité. Il veut tout pour rien et ne vaut rien du tout.

## IL SUCE SES DOIGTS...

Tous les enfants sucent leurs doigts, soit pour s'endormir, soit comme moyen de défense naturel contre le stress affectif qu'il leur arrive de subir dans le contexte familial. Ce réflexe anxiolytique se perpétuera bien plus tard dans la substitution que représente l'acte du fumeur ou par une série d'attitudes pseudo-machinales entre la bouche et les doigts, attitudes auxquelles nul ne prête attention. Encore moins une signification !

Sucer ou mordiller ses doigts n'est pas un geste innocent, pas plus que n'importe quelle autre attitude corporelle. Le réflexe de succion des doigts débute dans la vie intra-utérine et se perpétue jusqu'à la mort. L'enfant qui suce son pouce grandira et continuera à taquiner ses dents du bout de ce même pouce nostalgique. La jeune femme qui mordille l'articulation de son majeur gauche de manière coquine ne se souvient plus de la petite fille qui suçait ce même doigt jusqu'à le rendre exsangue. L'auriculaire droit que votre voisin de table mordille quand le doute encourage ses incertitudes chroniques est le même doigt dont il se délectait déjà comme d'une friandise lorsqu'il était enfant. En bref, le fait de sucer un doigt en réaction à une situation conflictuelle indique clairement un accès d'angoisse mais, paradoxe, c'est aussi un antidote au stress.

Voyons maintenant le sens attribué à chaque doigt sollicité !

L'action de sucer est évidemment détournée sous l'une ou l'autre forme de rencontre entre la bouche et le doigt incriminé : tapoter, gratter, caresser, sucer.

**Auriculaire droit**

Par exemple, votre interlocuteur taquine ses dents de la pulpe de l'auriculaire droit. Il prend vos mesures et mesure votre émoi avant de vous manger tout cru. C'est un fichu opportuniste.

**Auriculaire gauche**

Il rêve de remettre en scène le passé pour que le présent soit plus conforme à ses désirs. C'est un révisionniste.

**Annulaire droit**

C'est un tempérament volontaire qui déprime à l'idée de ne pouvoir atteindre ses objectifs.

**Annulaire gauche**

Il est prêt à investir ses affects dans une entreprise ou une relation qui débouchera fatalement sur une histoire pleine de sentiments. C'est un tendre.

**Majeur droit**

Il tente de mettre de l'ordre dans le désordre de son esprit. C'est un cérébral.

**Majeur gauche**

Il évalue l'impact de son image à vos yeux. Personnage narcissique, il est très investi dans le « apparaître, paraître pour ne pas disparaître ».

**Index droit**

Il est en perte d'autorité et se cherche une porte de sortie pour ne pas perdre les plumes qui lui restent encore.

**Index gauche**

C'est un vilain jaloux qui guette le moindre faux pas de votre part.

**Pouce droit**

Il essaye peut-être de booster son ambition martyrisée. Un enfant qui suce son pouce droit sera plus concerné par sa sexualité au cours de son adolescence et plus ambitieux par la suite.

**Pouce gauche**

C'est un rêveur ou une rêveuse qui réinvente la réalité à la mesure de ses illusions. Le pouce gauche est aussi le siège symbolique de la sensualité et du plaisir. Un enfant qui suce de préférence son pouce gauche sera un adulte plus sensuel qu'ambitieux.

## LA PULPE DES DOIGTS

*Votre interlocuteur, coudes en appui, presse la pulpe de ses doigts écartés les unes contre les autres formant une sorte de calandre ou de toit immobile.*

Révisionnisme et langue de bois, tel pourrait être le sens synthétique de ce geste particulier et surtout très politique. Quand votre interlocuteur écarte les paumes, pulpes jointes, cela signifie qu'il parle sans filet d'un sujet qu'il ne maîtrise pas ou qu'il tente de noyer le poisson en refaisant l'histoire à sa mode.

La consistance des arguments de votre adversaire est certainement aussi virtuelle que la couche d'air qu'il tient entre ses mains. Séquence gestuelle à la mode chez les politiciens qui font semblant de comprendre ce qu'ils ignorent. Ce geste symbolise l'aspect désossé de son discours. Les locuteurs qui reproduisent **la calandre** jouent parfois à rompre le contact entre les pulpes. Une espèce de sautillement des doigts, coudes en appui. On dirait qu'ils sont impatients d'en finir. Vous l'avez certainement compris : ils le sont effectivement, s'il y a rupture de contact entre la pulpe des doigts. Certains animateurs de *talk-shows* assis (il existe des *talk-shows* qui se déroulent debout ou de manière ambulatoire) sont abonnés à cette manie des doigts qui sautillent, ce qui signifie que l'invité leur fait de l'ombre et qu'il aimerait bien s'en débarrasser au prochain passage du camion poubelle.

# F comme...

## FLANCS

*Vous croisez les bras pouces en érection, paumes collées contre les flancs sous les épaules.*

Que voilà une bonne façon de se remonter les épaules pour donner l'impression qu'on a de la carrure. Paradoxe ! Cette attitude typique chez les ados est symptomatique d'un état de dépression d'épuisement chez l'adulte, aussi intitulée *burn out*. Il s'agit d'une forme particulière de dépression réactionnelle qui survient à la suite d'un surmenage prolongé ou répété. Une forme particulière de la dépression d'épuisement se manifeste en général chez les individus submergés par des responsabilités qui dépassent leur niveau de décision. On l'appelle aussi « la maladie des managers ». La plupart des sujets atteints de cette forme de déprime ont une personnalité sensible, manquant de maturité, une tendance à l'introversion, et des relations sociales difficiles qui engendrent des craintes irrationnelles, l'incertitude par rapport à l'avenir et fatalement, un fort sentiment d'insécurité. Certains auteurs insistent sur le fait que ces états dépressifs sont parfois difficiles à reconnaître parce que camouflés sous des attitudes sociales trompeuses et des symptômes variés comme des fatigues brusques, troubles somniques, hyperactivité, hyperthymie, etc.

Cependant, la noirceur de ce descriptif ne doit pas occulter le fait que les individus qui reproduisent ce geste régulièrement sont aussi des réactifs. Il leur reste toujours assez d'énergie pour s'en sortir. Tout n'est pas aussi noir que noir !

## Le flanc gauche

Si votre main droite se réfugie régulièrement sous l'épaule, paume contre le flanc gauche et pouce en érection à la pliure ; vous affichez une attitude de revendication et/ou de révolte face à une situation vécue comme sans issue. La réaction est un peu excessive, mais somme toutes très tonique. Cependant, cette réactivité demeure positive, car elle peut vous permettre de sortir de la dépression qui vous guette ou de maintenir la tête hors de l'eau.

### Le flanc droit

La main gauche se réfugie régulièrement sous l'épaule droite, paume collée contre le flanc droit et pouce en érection à la pliure. Cette latéralité exprime un tempérament versatile de la part d'un sujet perturbé par un vécu déprimant, avec comme corollaire le sentiment d'être mal perçu. Le sentiment de rejet peut également entraîner la programmation de cette réaction kinesthésique particulière. La course à la reconnaissance est essentielle dans le vécu du « flanc droit » versatile. Justement pour se défaire de cette versatilité qui l'épuise. Les deux plus gros problèmes du versatile, ce sont : son incapacité à se focaliser dans une direction et une seule et de faire un choix.

# G comme...

## GENOUX (ancrage des)

Le croisement des doigts sur l'un des genoux est un refrain classique. « J'ai peur de recevoir un coup de pied » est le sens symbolique de cette attitude.

J'ai posé l'hypothèse que le genou droit est le siège symbolique de la mobilité et de l'impatience ; le genou gauche est le siège symbolique de l'anxiété et de la fuite. On s'enfuit toujours par la gauche face au danger. **Les doigts croisés sur le genou droit** indiqueraient un écran de protection contre l'ennui ou un contexte défavorable qui tendrait à vous faire stagner. **Les doigts croisés sur le genou gauche** trahiraient une contrainte face à laquelle votre première réaction instinctive pourrait être la fuite. Et votre instinct n'a peut-être pas entièrement tort de vous conseiller cette option. Le croisement des doigts sur le genou gauche trahit presque toujours une situation de harcèlement dont vous êtes la cible ou une frustration.

## GIFLE

Votre interlocuteur appuie sa bouche contre le dos de sa main, la paume tournée vers l'extérieur, coude en appui.

Imaginez ce geste dans un contexte tout différent ! L'enfant qui craint d'être giflé. Attitude hésitante et vaguement répulsive, votre interlocuteur ne prendra pas parti. Dans le registre de la séduction, cette séquence gestuelle est prédictive d'un coup de cœur ou de foudre. Dois-je le rappeler ? La signification des gestes varie toujours en fonction des contextes.

# H comme...

## HANCHES

Vous ne le saviez sans doute pas, les hanches sont le siège de la tendresse, ce qui se conçoit aisément quand on voit qu'elles sont souvent associées à la fécondité de la femme.

### La main gauche

La main gauche posée sur la hanche correspondante révèle un individu possessif, exclusif. La possessivité est un sentiment essentiellement féminin même s'il touche pas mal d'hommes. La hanche gauche dépend du cerveau droit pour mémoire. Elle est symbolique de la fécondité.

## La main droite

La main droite posée sur la hanche correspondante signale une ambition mitigée de vanité ou d'orgueil. La vanité est le sentiment masculin de la futilité attribué d'autorité aux femmes. Sans doute parce que la vanité, tout comme l'orgueil d'ailleurs, est un sentiment rationnel et non émotionnel, donc dépendant du cerveau gauche. À chacun sa grenouille et le bœuf au milieu ! Ce ne sont pourtant pas les hommes futiles qui manquent à l'appel. On devrait même écrire « à la pelle » ! Les boucles d'oreilles suspendues aux lobes ou piercées dans les hélix de ces messieurs sont une véritable déclaration de frivolité masculine. Et la mode des objets futiles dont les messieurs raffolent de plus en plus ne s'arrête pas là.

La hanche droite est le siège symbolique de l'impatience et les deux hanches symbolisent le narcissisme.

## Les deux mains

Suivant le contexte, les deux mains sur les hanches, peuvent traduire la colère, l'orgueil ou la fierté.

**La colère !**

*« Je suis verte de rage. Tu as vu ton bulletin ? C'est un scandale. Et dire que ton père et moi on voulait t'offrir la dernière "playstachon" pour Noël. »* On imagine très bien cette sortie, le chiffon de cuisine dans une main et les poings sur les hanches face à l'accusé boutonneux jusqu'à la racine des cheveux.

**L'orgueil !**

*« C'est moi qui ai remporté le rôle et pas cette conne de Jeanne, ce boudin, cette actrice de mes deux qui a autant de culture théâtrale qu'une barquette de pommes de terre... »* L'épaule droite est projetée en avant, les mains sont posées, doigts en éventail, sur les hanches.

**La fierté !**

*« J'ai été sélectionné pour représenter l'école à la garden party du Président, tu réalises la staaaaar ? »* Là, c'est l'épaule gauche en proue contrairement à la réaction d'orgueil. Les indivi-

dus qui cherchent à s'affirmer en usent aussi. « Je suis le seul qui comprend ce qui se passe ici ! » Le menton relevé, un zeste de mépris, les lèvres pincées comme celles d'une vierge effarouchée.

Les mains sur les hanches sont aussi une mise en avant de l'image sociale, associée à un manque d'assurance, pour autant que ce geste revienne couramment dans le registre gestuel du sujet observé.

## Quelle est l'orientation des doigts posés sur les hanches ?

### Doigts pointés vers l'avant

Attitude narcissique et sensuelle destinée à mettre le bassin en valeur.

### Doigts pointés vers le sol

Cette posture exprime un besoin de retrouver un équilibre face à un événement déstabilisant.

### Doigts pointés vers l'arrière

Attitude agressive de reproche ou de colère.

**Les poings sur les hanches** est ce que j'appelle

un geste litote. C'est l'attitude pseudo-hostile de la mamy qui fait semblant de gronder son petit-fils. Généralement le sourire dément la colère jouée. *« Espèce de petit monstre qui a encore caché les lunettes de sa mamy ! »*

La tirade est généralement accompagnée d'un sourire entendu et à peine réprimé.

# I comme...

## INDEX

## LES INDEX AMOUREUX

*Les index tendus en travers de la bouche, les autres doigts sont croisés.*

Geste redoutable du débatteur ironique qui cherche l'ouverture pour abattre son adversaire en le ridiculisant. À l'origine, cette attitude provient du langage gestuel amoureux. Dans ce contexte, il représente une invitation implicite à un partage charnel sans préalable. Si on le sort de ce contexte aussi jouissif que jubilatoire, il change de sens à tous points de vue et devient **un geste prédictif** qui vous avertit que vous risquez de vous faire rouler dans la farine par celui qui le reproduit sous votre nez. Symboliquement, rassurez-vous ! Il est synonyme du double canon, mais en pire que pire...

## LE DOUBLE CANON

*Votre interlocuteur, coudes en appui, couvre l'une de ses mains avec l'autre, les pouces en soutien du menton. La bouche s'appuie sur les index accolés.*

Un geste récurrent chez les hommes de pouvoir ou les décideurs. Il prend vos mesures avant de vous évacuer ou de vous mettre dans une position périlleuse. Imaginez que les index sont les canons de ses deux colts planqués dans des holsters virtuels ! Ses yeux vous suivent à la trace tandis que vous pérorez en toute innocence. Des yeux aux pupilles rétractées, regard noir comme une nuit sans lune ou regard clair comme la banquise.

Vous êtes déjà mort, mais vous ne le savez pas encore.

## Le double canon tendu

*Les index collés et tendus, doigts croisés, représentent un double canon tendu vers l'interlocuteur.*

Geste inattendu typique du donneur de leçons capable de couper les cheveux en quatre dans le sens de la longueur, s'il considère que vous ne vous soumettez pas assez vite à son influence. Personnage exclusif et élitiste, vous trouverez grâce à ses yeux si vous avez une envergure qui l'impressionne. Aussi abstrait qu'obtus, il est vacciné contre l'enthousiasme, ce qui signifie que si vous comptez sur lui pour appuyer votre projet auprès de la direction, vous vous engagez d'entrée de jeu dans une impasse. Borné, buté, chicanier, procédurier et compliqué, il érigera le doute en système pour tuer dans l'œuf toute velléité de changement. Il fonctionnera par déni, fera les questions et les réponses, conjuguera tous ses engagements au conditionnel, vous imposera son complexe de supériorité visible à l'œil nu. Mais vous le verrez jouer les godillots, dès qu'il se retrouvera en présence d'un supérieur hiérarchique. Il est omniscient en toutes choses, moralisateur, incrédule et surtout objecteur en son âme et conscience mais jamais en paroles pour ne pas hypothéquer ses chances en cas de revirement politique. Le personnage est très souvent interviewé dans les reportages d'actualité. Il est scientifique, fonctionnaire, pédagogue ou chercheur imbu de ses connaissances, moralisateur ou guindé comme un porte-manteau alcoolique. Comment ? Vous n'avez jamais croisé un porte-manteau alcoolique dans un cocktail ?

La télévision est une mine d'informations gestuelles pour qui sait comment décrypter les grimaces de ceux qui la fréquentent assidûment. Classez le **double canon** dans un coin de votre mémoire, car il vous arrivera certainement d'en être la cible quand vous chercherez à améliorer les chances de votre carrière ou à faire passer un projet bien ficelé. Il dénouera le paquet sous vos yeux, gardera l'emballage et jettera le contenu à la poubelle. Sur le plan humain, la vertu n'est qu'un contenant, une sorte de paquet cadeau dont le cœur est vidé de toute émotion.

## LES INDEX REVOLVER

J'ai posé l'hypothèse suivante autrefois, hypothèse qui s'est vérifiée à de nombreuses reprises déjà : les index sont les doigts du pouvoir paternel à droite et maternel à gauche. Ils sont la représentation symbolique du Surmoi dont le rôle est d'assurer la défense de la personnalité contre les agressions, qu'elles proviennent de l'environnement ou des profondeurs de la conscience. Un individu dont le Surmoi est fortement accusateur, le Ça, fautif, et le Moi, responsable ou coupable, aura tendance à pointer de l'index de la main motrice en parlant à son interlocuteur.

Représentations symboliques du Surmoi, les index se partagent le pouvoir autant sur le plan de la conscience que sur celui des gestes dans lesquels ils interviennent plus fréquemment que les autres doigts de la main. L'index est un doigt accusateur, curieux, explorateur et souvent associé au pouce pour former le cercle digital.

Celui qui dégaine trop souvent son index ou les deux, pouces en gâchette, pour donner du poids à ses interventions est une sorte de cow-boy gestuel. Il se prive de ses mains au profit d'un seul doigt, comme si tout son pouvoir était contenu dans son index hostile pointé vers son interlocuteur. Ce faisant, il solde la qualité ou l'impact de ses arguments. Il dévalorise le sens du mot communication au seul profit de son besoin d'avoir toujours raison. Il suit son index comme un chien suit son maître, sans questionner son interlocuteur, mais en affirmant qu'il connaît déjà toutes les réponses aux interrogations que l'autre n'aura jamais l'occasion de lui poser. Il s'agit aussi d'un geste typique de l'imprécateur, du contestataire et du besoin de dévaloriser son adversaire. Il confirme son incompatibilité d'humeur rédhibitoire avec les autres d'entrée de jeu.

**À quel genre de cow-boy avez-vous affaire ?**

Il dégaine de l'index gauche ou de l'index droit ou peut-être des deux ?

**Il dégaine presque toujours de l'index droit ?**

Un peu tyrannique, un peu autoritariste, pas très sympa et surtout très accro à ses préjugés. Portrait ponctuel d'un individu qui est acculé contre le mur par manque d'intelligence pure et dure. L'usage abusif de l'index droit révèle une mentalité de procureur de mauvaise foi. Ce qui n'est pas forcément synonyme.

**Il dégaine très souvent de l'index gauche ?**

Si on pouvait compter sur lui, ça se saurait. On utilise l'index gauche pour affirmer son droit de propriété. L'utilisation de cet index trahit le gros jaloux. Il n'aime pas qu'on lui fasse de l'ombre ou qu'on lui vole la vedette. Les abonnés de l'index gauche se fâchent facilement pour des queues de cerise. Ils sont élitistes.

Des deux index à la fois ! Rare mais très caractériel ! Il fonctionne sur le mode agressif dès qu'on le contredit ou dès qu'il est contrarié.

**Il passe d'un index à l'autre**

L'homme à deux doigts est un individu qui voyage de son tempérament tyrannique pour ses proches ou ceux qui ont le malheur d'être sous ses ordres à une jalousie dévorante. Une qualité le démarque des index invariables, cependant, il se fait souvent remarquer par un degré d'audace hors normes. Un atout qui gomme bien des défauts. On a aussi les qualités de ses défauts. Les individus hyper-jaloux sont parfois aussi hyper-audacieux. Le bonheur de posséder est un tel carburant que la jalousie devient le moteur de l'audace. Et c'est grâce à l'audace que le jaloux se procurera l'objet ou le sujet qu'il a tellement envie de posséder. CQFD.

**(Im)Moralité de l'histoire :** il vaut mieux être égoïste et jaloux que généreux et solidaire si vous voulez réussir dans la vie.

# J comme...

## LES JAMBES

## JAMBE BOA

**La jambe boa gauche**

La jambe boa gauche trahit la femme possessive et/ou jalouse. Mais il vaut mille fois mieux être détesté que possédé par une femme jalouse. Quelles que soient les rumeurs qu'elle colportera sur votre compte pour se venger de votre indifférence, ce sera toujours moins insupportable que de devoir partager son lit à longueur de vie. Que toutes les femmes jalouses me pardonnent !

**La jambe boa droite**

La jambe boa droite révèle une femme directive qui sublime sa jalousie par une prise de pouvoir sur son entourage. Une femme autoritaire, cheftaine aux mollets d'acier qu'il ne fait pas bon contredire. Plus traditionaliste et conservatrice, elle se comportera en prédatrice sensuelle pour capturer l'homme de sa vie dans son cocon avant de prendre définitivement le pouvoir au sein du couple. Si l'homme se rebiffe, elle le rejettera en prétextant une incompatibilité d'humeur ou d'autres prétextes mensongers pour s'en débarrasser au mieux de ses intérêts. Il lui faut un mari soumis à l'intérieur du cercle familial, quitte à ce qu'il compense cette soumission par une attitude tyrannique au boulot.

## La jambe cariatide

La jambe droite doit pouvoir compter sur la gauche ou l'inverse pour être en mesure de répondre aux questions que se pose le propriétaire des deux jambes dans le secret de ses pensées. Debout, il est rare que le poids du corps soit réparti sur les deux jambes à valeur égale. La droite ou la gauche s'avance sur le devant de la scène et le poids se reporte sur la jambe qui demeure en retrait. Pourquoi cette ségrégation alternative entre les deux jambes ?

L'équilibre pondéral porté sur les deux jambes est un signe de dynamisme, que les pieds soient écartés ou non. Pourtant, la majorité des gens que vous pouvez observer dans la rue, à l'arrêt du bus, à la sortie des écoles ou faisant la queue déportent ce poids sur l'une des deux jambes. Pourquoi ? Parce que la motivation de la majorité de ces personnes est en berne, tout simplement ; parce que la vie est très difficile ; parce que le chef de service envahit votre espace vital chaque fois qu'il a un pet de travers ; parce que le voisin vous tient la jambe avec ses soucis et que vous n'en avez strictement rien à faire ; parce que votre collègue vous importune avec son action sociale tellement bénévole qu'on devrait le payer pour qu'il arrête d'en parler ; parce que votre amie vous reproche votre manque d'ambition insupportable ; parce que...

Les jambes sont les piliers du climat mental. Votre **jambe gauche** fait un pas en avant quand vos émotions sont perturbées. Votre **jambe droite** s'avance lorsque votre équilibre rationnel est handicapé. Quand un collègue « rumoriste » me perturbe en me confiant (premières nouvelles) les craintes qui pèsent sur mon poste dans la société, ma jambe droite fait un pas en avant et ma jambe gauche encaisse le poids du corps. Ma raison est en berne. Quand mon banquier me reçoit au comptoir pour m'annoncer que mon compte est à découvert – ce que je fais semblant de découvrir avec toute l'innocence voulue dans le masque –, c'est ma jambe gauche qui monte en scène. Mes émotions pédalent dans la choucroute. Comment vais-je faire, que vais-je lui bonnir, pour qu'il accepte de patienter jusqu'à la fin du mois ? Dans les deux cas, j'aurais dû me camper sur mes deux jambes et poser des questions à mes bourreaux pour leur renvoyer la balle. Telle eut été l'attitude gagnante !

## LES JAMBES CROISÉES

**Code gestuel alternatif**

Le croisement des jambes est un refrain gestuel alternatif qui traduit la météo de vos humeurs en temps réel. Il est commandé par l'amygdale du cerveau, donc par les émotions, elles-mêmes filtrées par le cerveau droit. Si vous êtes un homme droitier, vous croiserez la jambe droite sur la gauche quand vous maîtrisez la situation. C'est la position attractive. Si cette même situation vous met mal à l'aise, vous passerez automatiquement en position répulsive, jambe gauche sur la droite.

Pour les gauchers, il suffit d'inverser les rapports. Si vous êtes une femme, c'est le contraire. Vous êtes en position attractive, jambe gauche sur jambe droite et en posture répulsive, jambe droite sur jambe gauche.

Une femme droitière intègre ses énergies positives dans la partie gauche de son corps et ses énergies négatives dans la partie droite. Pourquoi ? *Tout simplement parce que la femme est identifiée sexuellement à l'anima ou élément féminin dont la modélisation est inscrite dans l'aire cérébrale droite. Et cette aire commande la partie gauche du corps.* Un homme droitier intègre ses énergies positives dans la partie droite de son corps et ses énergies négatives dans la partie gauche. *Il est fatalement identifié sexuellement à l'animus ou élément masculin qui est inscrit dans l'aire cérébrale gauche.* Point. Quand un homme droitier croise la jambe gauche sur la droite, il exprime sa négativité (répulsivité). Quand il croise la droite sur la gauche, il passe en mode positif (attractivité). Une femme qui croise la jambe gauche sur la droite maîtrise la situation. Droite sur gauche, elle ne maîtrise plus rien du tout, même et surtout si elle vous donne l'impression du contraire.

Pendant un débat ou en cas de confrontation verbale, les jambes sont incontrôlables, elles voyagent en permanence. Elles se réfugient sous le siège, se croisent, se décroisent, s'étendent, se retendent, s'agitent, elles sont sans repos. Ces gesticulations sont parfaitement visibles mais difficile à suivre. Pour certains, ce ne sont que des manifestations insignifiantes pouvant éventuellement traduire un état de stress. Cela peut paraître vrai si vous sortez ces gesticulations de leur contexte. Cependant, en superposant le contexte qui justifie cette agitation des jambes, vous vous apercevrez très vite qu'elle dépend étroitement d'un paramètre essentiel : l'atmosphère du débat.

## Pourquoi avons-nous besoin de croiser les jambes ?

N'est-il pas plus naturel d'enraciner ses pieds dans le sol ? Observez les gens assis autour de vous, vous n'en trouverez pas beaucoup dont les deux pieds reposent sereinement sur le plancher des vaches. La plupart des individus croisent les jambes sous la table ou leurs chevilles sous la chaise. Certains même, les femmes surtout, entortillent la jambe gauche de leur jambe droite et vice versa. La jambe boa est une constante gestuelle qui traduit un fort sentiment de frustration (voir cette appellation).

Retour à la même question sempiternelle et éternelle : le fait de croiser les jambes est-il une réaction naturelle et sans signification précise ou s'agit-il d'une posture dictée par les circonstances ? Les femmes vous répondront qu'il n'est pas aisé de poser les pieds à plat sur le sol avec une mini-jupe qui découvre souvent plus que la moitié des cuisses. En pressant leurs cuisses l'une contre l'autre, elles dissimulent ce jardin secret que la jupe trop courte n'arrive plus à protéger des regards masculins.

On croise surtout ses jambes pour protéger le centre de gravité de nos plaisirs d'une possible castration virtuelle. Geste qui ne serait, en somme, qu'une résurgence d'une conduite infantile à l'âge adulte. À mon avis, le fait de croiser les jambes ou les cuisses ressort aussi d'un comportement de protection contre le stress de la vie quotidienne et/ou professionnelle. Vous constaterez, comme moi, que l'on croise beaucoup moins les jambes en vacances qu'au boulot.

Mis en cause par un journaliste, un tribun se protège en adoptant un croisement non identifié ou répulsif avant d'inverser les jambes, dès qu'il aura repris la situation en main. La jeune femme courtisée par un inconnu croisera la jambe droite sur la gauche si cet inconnu lui déplaît. En revanche, elle adoptera la posture identifiée ou attractive, gauche sur droite, si elle considère que cette rencontre est sans engagement. Ces deux constats, je les ai observés à des centaines de reprises et ils ne souffrent d'aucune exception.

Un couple semble se disputer à voix basse, la femme croise droite sur gauche et l'homme gauche sur droite. Sont-ils droitiers ou gauchers est la première question à se poser ? À quel poignet attachent-ils leurs montres-bracelets ? C'est sans doute le meilleur moyen de situer leur latéralité effective ! À force de traquer les confrontations télévisuelles ou les contextes vécus par des inconnus dans des endroits publics, j'ai pu me faire une religion que la signification de ces réactions corporelles spécifiques.

Tout ce qui précède me permet de supputer que le croisement de jambes dépend essentiellement du contexte dans lequel se situe le sujet observé. Quand il m'arrive d'expliquer ce genre de réactions instinctives en public ou sur un plateau de télé, la plupart des intervenants contrôlent automatiquement leur position. Certains refusent la sanction de la répulsivité et prétendent haut et fort que leur croisement répulsif est parfaitement confortable. Il n'est jamais facile d'admettre un malaise passager, un sentiment d'infériorité face à celui qui détient l'autorité ou un trac des situations d'examen pour ne citer que quelques exemples qui génèrent des croisements répulsifs. Mes observations multiples me permettent d'affirmer que les croisements de jambes alternatifs auxquels nous faisons appel sans même en prendre conscience ne sont pas anodins et traduisent effectivement des perturbations ponctuelles du climat mental.

Le croisement de jambes est aussi une manière

de se rassurer en cas de stress ou de situation disqualifiante pour l'ego du sujet observé. En règle générale, si vous prenez la peine de vous « auto-observer », vous remarquerez que le croisement inverse de celui qui indique votre identification sexuelle se reproduit instinctivement dès que votre climat mental est perturbé. Quand la frustration, l'insatisfaction, un sentiment d'infériorité, etc., est au menu du jour, l'homme droitier croisera la jambe gauche sur la droite et la femme droitière, la droite sur la gauche. Deux postures répulsives très confortables, s'il faut en croire les personnes interrogées. Ils se dissimulent derrière un mensonge de circonstance pour ne pas devoir admettre en public leur sentiment de malaise ou de mal-être. La réaction est évidemment normale. Personne n'aime se mettre à nu psychologiquement.

L'alternance des croisements de jambes ou de chevilles traduit les fluctuations du climat mental, quel que soit le contexte de la reproduction de ces croisements. Chez un individu de sexe masculin, la jambe droite dominante (posture attractive) implique une intervention du cerveau gauche, soit un climat mental qui maîtrise la réception des informations en provenance de l'extérieur. La jambe gauche dominante (posture répulsive) implique une intervention du cerveau droit, soit un climat mental vulnérable parce que les émotions du sujet sont perturbées. La réception des informations l'est également. Chez une femme, le croisement gauche sur droite dépend du contrôle émotionnel du cerveau droit. C'est là qu'intervient toute la différence entre hommes et femmes. Une femme ne se protège jamais aussi bien qu'en faisant appel à son identification sexuelle inscrite dans son cerveau droit. Elle maîtrise la situation quand elle s'affirme en tant que femme. Elle en perd le contrôle si elle doit faire appel au rationalisme du cerveau gauche. « Entre les mains » d'une femme, l'émotion est une arme offensive redoutable. Chez un homme, elle trahit une vulnérabilité combattue depuis l'aube des temps par l'éducation initiatique des peuplades primitives ancestrales jusqu'à nos jours. Un homme doit être fort, maître de ses émotions, courageux face au danger, audacieux et identifié à son cerveau gauche, donc à la partie droite de son corps.

## Deux variantes

**Votre interlocuteur, assis, croise sa jambe gauche sur sa cuisse droite ou l'inverse, tandis que l'un de ses pieds se réfugie en retrait sous sa chaise.**

Attitude d'indisponibilité et/ou de refus du dialogue. Les pieds en retrait indiquent toujours un besoin ou une envie de fuir le débat.

**Votre interlocuteur est assis, jambes croisées, une jambe en appui contre le bord de la table.**

La position de protection du territoire est évidente. Il défend symboliquement son territoire, en prenant appui contre le bord de la table qui représente un blindage naturel. C'est l'attitude typique du sollicité face au solliciteur. Si les exigences de ce dernier sont acceptables, le sollicité changera automatiquement de position.

## En situation d'examen...

Le croisement des jambes appartient à la famille des codes gestuels réflexes alternatifs. Il traduit clairement les variations barométriques du climat mental. Il est assez facile de s'en rendre compte en situation de recrutement, par exemple. Suivant l'évolution de l'entretien, le candidat passera d'un croisement à l'autre en fonction de son ressenti ou de l'attitude du recruteur. Mis sur la touche, il adoptera presque toujours un croisement répulsif. L'observation d'étudiants en situation d'examen écrit est remarquable. Le croisement attractif est souvent minoritaire et ceux qui l'adoptent affichent une satisfaction visible au niveau du visage. Ils maîtrisent le sujet de l'examen ou disposent des connaissances suffisantes et nécessaires pour réussir l'épreuve. En revanche, on observe des visages grimaçants chez tous les étudiants qui privilégient les croisements répulsifs. La focalisation sur ce type de réaction posturale est une source d'information essentielle. Le négociateur qui en tiendra compte pourra adapter son argumentation en fonction des fluctuations du climat mental de son hôte. « Vous avez tout compris ! », confie-t-il, complice, à son client. Et le client de modifier aussi sec son croisement répulsif pour passer en mode attractif !

Peut-on contrôler cette production intempestive ? Ne vaut-il pas mieux laisser la nature suivre son cours ?

Le premier réflexe mental à installer consiste à décroiser systématiquement les jambes ou les chevilles dès qu'elles ont tendance à se croiser. Tout croisement est le symptôme d'un stress ou d'un sentiment d'anxiété. Le fait de réagir dans ce sens n'entraîne pas automatiquement une annulation du stress, mais installe un embryon de maîtrise de la situation vécue. Le refrain gestuel alternatif est une réaction mécanique à une situation donnée, il peut donc être contrôlé par la conscience. Libérer les jambes du croisement, c'est décoincer le climat mental ! Il faut considérer cette manifestation corporelle comme un nœud ou un inhibiteur de vos moyens de communication. Le croisement est un code gestuel de protection, donc un moyen de défense, tout comme le croisement des bras. L'intervention intempestive de ce moyen de défense particulier découle de toute une série de sentiments ou d'impressions fugaces ou tenaces : frustration, exaspération, agacement, sentiment d'infériorité, perte de contrôle, méfiance, etc. Chaque fois que vous ressentez l'ébauche de ce mouvement, soyez certain qu'il est commandé par l'un des sentiments que je viens d'évoquer. Vous constaterez qu'il est difficile de le contrarier et de conserver sereinement les pieds sur le sol en toute occasion. Ce travail d'autoscopie vous paraîtra fastidieux. Il l'est effectivement, comme n'importe quel effort physique destiné à maîtriser la dynamique des énergies corporelles. Réussit-on mieux quand on évite de croiser les jambes ? Pour perdre du ventre, les spécialistes conseillent du footing ou du vélo. Disons, une heure par jour ! Quel rapport ? Il n'y a pas de résultat visible ou palpable sans un effort constant et trébuchant. Ça fonctionne pour la cellulite abdominale comme pour les conduites qui mènent au succès de vos entreprises.

En dessous de vos pieds, il y a la terre. Cette terre qui vous porte sans faillir, jour après jour, cette terre que vous quittez d'un pied ou de l'autre quand le succès ne vous sourit pas. Et s'il fallait d'abord songer à poser les deux pieds à terre pour commencer à savourer le succès de vos entreprises ?

## Les jambes croisées en X

Les jambes croisées en X debout avec ou sans appui, c'est une attitude très ado que l'on retrouve parfois chez des adultes qui n'ont pas encore jeté leur gourme.

L'action de croiser les doigts, les jambes, les bras traduit un besoin de se protéger contre ses propres angoisses ou une manière de les fuir. J'ai souvent observé que les adolescentes en pantalon ou en jeans croisent les jambes en X quand elles sont debout face à des garçons. Il s'agit évidemment d'un refrain gestuel courant et parfaitement alternatif. Le choix de la jambe qui domine dépend du contexte. Les adultes qui reproduisent ce genre de posture souffrent d'un retard ou d'une carence affective. Comme une fixation définitive au niveau d'une adolescence dont la porte s'est mal refermée. J'ai déjà observé de vénérables dames d'un âge, disons très mûr, bien que paraissant beaucoup moins sur la photo de leur carte d'identité, reproduire cette posture en discutant avec une amie de la même tribu des jambes en X.

**Si la jambe droite croise la gauche par-devant,** il s'agit d'une jeune femme qui protège sa sensibilité en plaçant ses relations amicales sur un plan plus cérébral et ses relations amoureuses sur un mode plus plat que tonique. Elle tentera toujours de conserver une distance de fuite par rapport à toute entreprise de séduction dont elle serait la cible. **Si la gauche prend généralement le pas sur la droite,** vous avez affaire à une fugueuse, parfaitement versatile, donc d'humeur changeante comme la météo de ses sentiments. Le sujet a très envie de plaire à ceux ou celles qui l'accompagnent mais, mis à part un satisfecit sur sa belle mine, elle n'a pas du tout envie que l'entreprise de séduction devienne hyperactive...ment érotique.

Il peut arriver que votre sujet d'observation passe systématiquement d'un croisement à l'autre. En tout état de cause, si cette alternative se présente, votre interlocutrice ne sait pas sur quel pied danser (littéralement !)

## Les jambes croisées en équerre

Les jambes en équerre sont une attitude générique des individus mal à l'aise en face à face. La position de la jambe en équerre est une séquence gestuelle classiquement défensive et typiquement masculine, même si les femmes en pantalon s'y risquent. Elle augmente le territoire corporel de l'homme assis et lui sert en quelque sorte de barrière défensive élargie. Face à un personnage qui détient l'autorité ou une trop grande influence, nous ressentons tous cette impression bizarre d'un territoire rétréci.

Face au jugement du public ou au voyeurisme des caméras de télé, la même impression de « mise en accusation » persiste. Ces situations entraînent presque toujours la reproduction d'un croisement de jambes en équerre. Le croisement des doigts sur l'un des genoux renforce à la fois le sentiment de malaise et la protection du territoire.

**La jambe gauche en équerre au masculin**

Posture hautement inconfortable, ce code est révélateur d'un niveau de stress peu propice à un entretien équilibré et profitable. D'autant plus que la jambe gauche est identifiée à l'image féminine ou maternelle et que l'homme est logiquement identifié sexuellement à son père. Cette posture indique donc que le reproducteur ne maîtrise plus du tout, du tout la situation.

**La jambe droite en équerre au masculin**

Elle demeure une attitude de défense des territoires corporel et mental mais avec une connotation moins tragique que la précédente. Le sujet contrôle la situation, mais se protège « aucazou » ! Il n'est pas très confiant malgré tout. Posture révélatrice d'une situation de stress, comme la précédente.

En quelques mots, dans les deux cas de figure évoqués, la jambe en équerre se traduit par une attitude plutôt rigide et un accueil pseudo hospitalier. Vous n'êtes manifestement pas ou plus le bienvenu. Et surtout, ne vous fiez pas aux mines réjouies des individus qui palabrent en se faisant des mignardises. Ils ne s'apprécient pas pour autant.

# L comme...

## LÈVRES

Le saviez-vous ? Votre degré de confiance en soi est fonction de **l'animation labiale** (la fréquence des mouvements de vos lèvres), donc une animation liée à leur richesse mimique. Plus les lèvres sont figées quand vous vous exprimez, (quand vous chantez aussi), plus cela trahit un manque de confiance en soi et entraîne inconsciemment le besoin de cacher sa bouche derrière sa main. N'ayez pas peur d'articuler quand vous parlez, vous éviterez ainsi spontanément de dissimuler vos lèvres, votre degré de confiance en soi reprendra très vite du poil de la bête. En plus, du fait que l'articulation ralentit le débit de parole, cela vous rendra plus crédible aux oreilles de vos interlocuteurs et plus séducteur ou séductrice aux yeux de vos coups de cœur.

### Tout contact entre les index et les lèvres...

… est un refrain gestuel qui provoque une coupure de l'intelligence logique et de la réflexion qui l'accompagne. C'est le geste inconscient de celui ou celle qui compte beaucoup plus sur son instinct, son inspiration ou la chance que sur son esprit logique pour l'emporter. Les individus de tempérament créatif reproduisent souvent ce geste alors qu'il est nettement moins courant chez les cartésiens.

# M comme...

## MAINS

### LES MAINS BAVARDES

Les mains sont une source de vérité qui met tous les menteurs dans l'embarras. Elles résument le climat mental du locuteur sans se préoccuper de la nature de ses prises de position verbale. Ce que dit la bouche est une chose, ce qu'en pensent les mains en est une autre.

Trahison corporelle ! L'esprit et le corps ne partagent pas toujours le même point de vue. La manière dont les mains chorégraphient leur rôle est à la fois un code d'intention et un refrain gestuel alternatif, qui varient en fonction de la situation vécue. En tant que code d'intention ponctuel, elles suivent généralement le discours et lui servent d'appui sincère. En tant que refrain gestuel alternatif, elles révèlent une fraude verbale manifeste et trahissent une prise de position que le locuteur souhaite garder par-devers lui pour ne pas choquer ses auditeurs.

« *Je le trouve adorable, s'exclame la star en parlant d'un "ami très cher" et concurrent de plateau malgré tout. Elle agite ses mains en pronation, sans doute pour tempérer les débordements de son enthousiasme verbal.* » N'oubliez jamais d'observer les mains de votre interlocuteur, vous vous éviterez bien des déceptions !

Voyons maintenant ce que signifient les différents ballets que vous offrent les mains de votre interlocuteur. Il vous sera hélas difficile de suivre vos propres mains quand vous parlez, à moins d'être filmé. Si vous voulez éviter qu'elles vous trahissent, serrez toujours votre authenticité au plus près et n'hésitez pas à dire ce que vous pensez, en prenant toutes les précautions oratoires d'usage pour ne pas vous brûler à la lumière de la vérité, s'entend.

## Les mains en supination

Les paumes sont dirigées vers le haut. Ce sont les mains en offrande. Elles révèlent une ouverture d'esprit de la part d'un individu coopératif et convivial. L'attitude est évidemment qualifiante pour l'image publique du locuteur. Pour s'exprimer avec les mains en supination, il faut avoir quelque chose à offrir, ce qui n'est pas le cas de tout le monde.

## Les mains en pronation

Les paumes sont dirigées vers le bas. Ce sont les mains réductrices. Le sujet qui en use l'est également, réducteur et surtout révisionniste en cas de besoin. Le mode de la pronation peut apparaître ponctuellement quand il faut calmer le jeu.

## Les mains en opposition

Les paumes sont face à face. Les mains représentent les limites que la personne s'impose. Cette attitude se justifie en fonction du contenu du discours, mais devient un refrain gestuel ou un tic, si elle perdure au-delà de cette justification. Nombre de locuteurs limitent leurs compétences ou leur pouvoir d'influence en reproduisant les mains en opposition sans rapport direct avec le contenu de leurs propos. Ils se conduiront toujours comme des garde-frontières des succès qui leur échappe. Ce sont des envieux, comme tous les censeurs, d'ailleurs !

## Les mains centrifuges

Ce sont des mains qui tendent à s'écarter du corps du locuteur. Elles sont dirigées vers l'interlocuteur ou vers l'extérieur. Elles appartiennent aux codes gratifiants pour l'image publique. Les sujets qui ont du mal à gérer leur espace vital évitent les mains centrifuges et s'adressent à leur interlocuteur en ayant recours aux mains centripètes. Le général de Gaulle usait des mains centrifuges dans ses discours politiques. Il se donnait au peuple. La plupart des hommes de haute taille en usent. Y aurait-il un rapport entre les mains centrifuges et le nombre de centimètres en plus ?

## Les mains centripètes

Les mains reviennent systématiquement vers le corps du locuteur. Le mode de communication est égocentrique. Le sujet se désigne régulièrement des deux mains sans rapport avec le contenu du discours. Ce mode gestuel trahit aussi un individu victime de ses devoirs et non acteur de ses entreprises. Ce qui sous-entend qu'il refusera de porter la responsabilité de ses échecs et encore moins des vôtres.

## Les mains ouvertes, doigts collés

Elles trahissent un individu rigide et peu créatif. Il ne sera jamais ouvert à la remise en question de ses préjugés. Si les pouces sont en érection ou en angle droit, décollés du reste des doigts, ce mode indique un individu fortement impliqué dans ses ambitions au détriment des vôtres, évidemment. Si les pouces restent collés, il confirme sa psychorigidité.

## Les mains ouvertes, doigts déliés

Ce sont les mains du séducteur. Les doigts s'expriment en toute liberté au rythme des propos. Ce mode d'expression gestuel est le plus difficile à contrefaire.

## Les mains fermées

Elles n'ont rien à offrir mais tout à prendre. Le sujet observé les referme comme s'il cachait quelque chose au creux de ses mains. Les mains fermées sont la marque d'un individu possessif, comme vous l'avez deviné. Attention ! Il ne faut pas confondre les mains fermées et les poings fermés.

## Les mains compulsives

Elles reposent l'une sur l'autre *a priori*, mais s'écartent dans un mouvement d'ouverture à intervalles réguliers avant de revenir systématiquement à la case départ. C'est un geste de ponctuation du discours verbal. Les mains tentent de s'exprimer, mais sont rappelées à l'ordre chaque fois qu'elles quittent les *starting-blocks*. Ce refrain peut révéler un trouble obsessionnel et compulsif dit TOC. La situation du locuteur le met mal à l'aise, il ne maîtrise pas les évènements. Les mains compulsives sont comme des portes battantes qui s'ouvrent et se referment constamment pour laisser passer les mots. Certains animateurs de télé débutants reproduisent ce tic gestuel. Le trac en est la cause, évidemment.

### Les mains polarisées

Les deux mains sautent de droite à gauche ou de gauche à droite avec une constance exaspérante. On dirait que cette personne peine à choisir son camp. En vérité, les mains polarisées trahissent un tempérament alternatif, incapable de prendre une décision claire et nette. Le tempérament alternatif est une version remaniée du caractère indécis. *Les mains voyagent de concert de l'aller au retour et du retour à l'aller mais jamais ne se quittent.* Beaucoup de politiciens expriment leurs convictions en usant des mains polarisées. Cette attitude signifie qu'il est plus urgent d'attendre et de voir venir que de prendre le taureau par les cornes. Il est vrai que nos élus ne sont pas des toréadors.

## LA MAIN EN CORNET

**Code gestuel alternatif**

*Votre interlocuteur dissimule sa bouche derrière sa main refermée en cornet (droite ou gauche), coude en appui.*

**La main en cornet** est une sorte d'entonnoir destiné à empêcher les pensées de se verbaliser. Il se peut que votre interlocuteur vous signale que votre discours lui paraît stérile. Si le geste perdure, vous avez tout intérêt à le faire parler avant qu'il ne vous serve un prétexte quelconque pour se débarrasser de vous. Le geste trahit une hostilité authentique et parfaitement prédictive.

**La main droite en cornet** est le signe d'un sens critique exacerbé. Yves Calvi est un abonné de la posture dans son émission quotidienne sur la Cinq.

Selon mes observations, **la main gauche** en cornet est la traduction gestuelle d'une antipathie non déclarée, voire non conscientisée par le reproducteur du geste.

## LA MAIN DYNAMIQUE

Peut-on être à la fois malin et intelligent ? Oui ! Si on se sert de ses deux mains pour s'exprimer ! Quand un locuteur utilise ses mains pour appuyer son discours, il privilégie toujours l'une des deux mains, même s'il lui arrive ponctuellement d'animer les deux. La main privilégiée est généralement la même dans tous les cas de figure que j'ai pu observer depuis des années, quelques exceptions mises à part. Cette main dynamique détermine le mode d'identification du locuteur aux deux adverbes fondamentaux qui éveillent l'intelligence de l'enfant : pourquoi ? et comment ?

Chacun de ces deux adverbes correspond à l'une des deux mains, elles-mêmes représentatives des deux cerveaux qui constituent le néocortex. La main droite, équivalent symbolique du cerveau gauche correspond à l'adverbe « pourquoi » des scientifiques. La main gauche, symbole du cerveau droit correspond au « comment » des empiriques. Dans le même ordre d'idées, la main droite correspond au temps et la gauche à l'espace. Deux représentations étroitement associées aux images parentales. Papa est le temps, maman est l'espace. Le temps est un phénomène linéaire qui va du passé vers l'avenir, l'espace représente l'infini émotionnel ou affectif. L'image du père correspond au temps qui passe et au cerveau gauche qui en gère l'appréciation ; le cerveau droit, symbolique de l'image maternelle, englobe le sens spatial. La main droite a le sens des distances, la gauche, celui du volume que l'Homme occupe dans l'espace.

**La main droite dynamique** signale aussi un individu identifié à l'autorité paternelle. Il se comportera de manière directive et axera sa communication sur le mode stratégique. C'est un stratège, coordinateur et fédérateur ! Accrocheur, tenace, agressif et directif, il essayera toujours d'avoir le dernier mot. Plus tendu et parfois hyper tendu, c'est un individu plus *pourquoi* que *comment,* il se fera toujours avoir par la main dynamique gauche du malicieux.

**La main gauche dynamique** indique un individu non directif identifié à l'image maternelle. Homme de terrain et de contact, c'est un tacticien et un rusé renard ! Plus manipulateur que la main droite dynamique, il n'a pas une vision stratégique d'ensemble et à long terme d'une politique commerciale, par exemple, mais une excellente approche à court terme et une réactivité redoutable quand il est acculé. Il dispose d'une intelligence pratique, plus *comment* que *pourquoi*.

De quelle main vous servez-vous en priorité ? Il va falloir être attentif car cette information gestuelle est souvent occultée.

## LES MAINS DE PONCE PILATE

*Votre interlocuteur se frotte les mains, comme s'il se les lavait sous le jet d'un robinet.*

Les hommes d'affaires qui usent volontiers de ce geste ont souvent une mentalité de boutiquier au sens le plus péjoratif du terme. « Que puis-je faire pour vous ? », dit-il en se frottant les mains avec une satisfaction à peine dissimulée. Le regard glacial (pupilles minuscules) dément la jovialité préfabriquée qu'il affiche. Car le geste de Ponce Pilate appartient à une catégorie très particulière des envieux chroniques pour lesquels vous n'existez qu'en fonction du profit que vous leur apporterez. Comme Ponce Pilate, ils ne sont pas responsables de votre sort qui vous a placé sur leur chemin. Plus ils sont riches, puissants ou reconnus, plus ils vous envieront ce que vous possédez et qui leur fait encore défaut. Si vous avez du talent, ils feront tout pour en tirer profit avant de vous évacuer comme une épluchure quand vous leur aurez tout donné. Ils veulent tout pour rien et ne valent rien du tout, comme tous les oncles Picsou. Pour être humain à part entière, il faut avoir un cœur à gauche et un cerveau affectif opérationnel dans la partie droite du néocortex, ce n'est pas le cas des envieux chroniques. Ils n'aiment que les bénéfices qu'ils retirent de votre incommensurable naïveté, les profits que leur apporte votre présence à leurs côtés ou aux yeux de leur entourage, et eux-mêmes dans la foulée. Si vous êtes en phase ascensionnelle, sur le plan de votre carrière, méfiez-vous des héritiers de Ponce Pilate. Écartez-les d'autorité de votre chemin, sinon vous risquez de voir chuter la cote de vos actions à la Bourse de vos chances de succès. Ils phagocytent tout ce qu'ils touchent, comme des enzymes gloutonnes. Les Ponce Pilate sont des profiteurs émérites. Et n'oubliez jamais que les individus qui se frottent régulièrement les mains ont les mains sales au sens figuré.

## LES MAINS EN PRIÈRE

*Coudes en appui, les mains de votre interlocuteur sont jointes à hauteur de son nez ou sous son menton, comme s'il priait.*

Ce geste n'a évidemment pas le sens qu'on lui attribue dans un contexte religieux. C'est d'abord une attitude de simulateur ! Mais il y a pire. Il recherchera la polémique tout en déclarant qu'il est l'homme le plus consensuel de la galaxie. Les mains en prière ne sont pas une demande muette, mais trahissent parfois une habileté diabolique. Le geste est très jésuitique. C'est évidemment l'attitude d'un pseudo bigot qui mesure votre taille à l'aune de ses préjugés. Les paumes sont ajustées l'une contre l'autre en un geste de supplication qui appartient à la catégorie des codes d'intention. Les mains se rejoignent, durant quelques secondes ou plus, pour exprimer un souhait *a contrario* du discours qui affirme détenir la solution ou son application. Nous entrons de plain-pied dans la série **des gestes en décalage** total avec le fond du discours.

Il se présente souvent comme le détenteur du secret des dieux. Sur le plan de la communication subconsciente, il solde purement et simplement la crédibilité de ses propositions pour autant que son interlocuteur soit en mesure de situer la balise gestuelle. À la lueur de cette analyse, vous commencez à réaliser que le mensonge verbal est toujours victime de la sincérité incontournable du langage gestuel. Par mensonge, j'entends aussi déguisement, travestissement, fraude, simulation, charlatanisme, fumisterie, escroquerie et... intégrisme. Qu'est-ce qu'un intégriste sinon un mythomane qui refuse à l'autre sa liberté de penser et qui l'oblige à croire que ses convictions d'un autre âge sont les racines de la vérité universelle.

L'intégrisme n'est pas uniquement un avatar des religions, on peut aussi le rencontrer en politique ou dans les milieux d'affaires. Comme les mains en prière !

## LES MAINS EN SANDWICH
### ou la superposition des mains sur un support

La superposition des mains, à plat sur la table

ou coudes en appui, indique le mode de raisonnement de votre interlocuteur. **Si la main gauche est dominante,** son mode de raisonnement est émotionnel. Ce mode de superposition implique un personnage *sous* influence, donc *sans* influence. Il prend rarement une décision sans consulter. C'est le genre de décideur qui vous dira oui sous la pression avant de vous dire non après avoir pris conseil auprès de ses oracles. Il n'a pas une vue d'ensemble de son entreprise ou de son service. Ne vous fiez pas à son tempérament dominateur ou autoritaire, ce n'est qu'une façade qui cache un sentiment d'inachèvement entretenu par son entourage. Si vous êtes dans ce cas, apprenez à dire « non » avant de changer d'avis le cas échéant. Le décideur consultatif est un individu inquiet par nature.

En revanche, **si la main droite domine la gauche,** son mode de raisonnement est synthétique et vous avez affaire à un décideur instinctif. La synthèse est l'opération inverse de l'analyse, elle va des causes aux effets ou des principes aux conséquences. L'analyse observe les conséquences pour essayer d'en tirer des principes. Le raisonnement synthétique appartient aux décideurs. Il court-circuite les lenteurs de l'analyse. Dans ce cas de figure, votre interlocuteur est parfaitement capable de prendre sa décision sans en référer. Il sait ce qu'il veut et ce qu'il ne veut pas. Les individus qui raisonnent de manière synthétique sont des décideurs instinctifs. Ils disposent du flair utile et nécessaire au succès de leurs entreprises.

À la lecture de ce qui précède, vous pouvez constater que l'observation de ce code gestuel est fondamental pour adopter la stratégie qui convient face à un décideur. Entraînez-vous à repérer ce refrain en visualisant des débats télévisés ou en observant discrètement vos collègues de bureau ou des consommateurs dans une brasserie à l'heure du déjeuner. Ce refrain gestuel est invariable dans neuf cas sur dix. Néanmoins, une inversion peut toujours se manifester en cas de perturbation émotionnelle. Le décideur instinctif est un autocrate qui privilégie la rapidité et l'efficacité.

## LES MAINS EN TENAILLE

*Il entre dans son bureau avec les mains en tenaille de l'homme de pouvoir. Je l'attends depuis un bon quart d'heure, assis inconfortablement sur ce qu'on pourrait appeler un fauteuil pour intrus. Avant que j'aie la possibilité de lui expliquer la raison de ma présence, il me prévient qu'il a très peu de temps à m'accorder. J'avais compris le sous-titrage sans qu'il ait besoin de me le traduire. Je me lève, je le salue et je m'en vais avec un sourire en coin. Le bonhomme a l'air d'une carpe en train de se noyer. Il ne m'a pas poursuivi dans le couloir, rassurez-vous ! De toutes les manières, je perdais mon temps. Les mains en tenaille en guise de bonjour sont rédhibitoires. Votre hôte vous considère comme un importun bien avant de connaître l'objet de votre visite. Autant le circoncire de son plaisir avant qu'il ne vous renvoie chez vous avec ses salutations distinguées.*

Il tient le sort du monde entre ses mains. Code gestuel réflexe synonyme de pouvoir ou de devoir, deux voies antagonistes qui définissent les profils instinctifs des hommes de savoir ou les profils pragmatiques des hommes de pouvoir.

**Le mode d'achèvement du savoir** est considéré ici dans le sens des potentiels de l'individu. Il se détermine par une préhension des mains en tenaille. La main gauche domine la droite. Généralement, les individus qui croisent les doigts sur le mode affectif (pouce gauche dominant dans la séquence des doigts croisés) font partie de cette catégorie, mais il y a des exceptions, comme, nous le verrons par la suite.

**Le mode d'achèvement du pouvoir** est réactif, pragmatique et se révèle par une préhension inverse, la main droite domine la gauche. Les individus qui croisent les doigts sur le mode cognitif (pouce droit dominant dans la séquence des doigts croisés) appartiennent au profil des hommes de pouvoir. L'homme de pouvoir est discipliné et fonde son action sur l'ordre et la méthode et les rennes du pouvoir, c'est-à-dire de la gouvernance.

Quand les mains se rejoignent en tenaille, le corps exprime une contrainte qui varie entre le mode d'action ou de réaction. On ne plaque jamais ses mains en tenaille quand on est libre d'agir à sa guise. Vous remarquerez que ce code réflexe apparaît souvent à la fin d'un entretien ou quand l'un des protagonistes souhaite conclure. Ce qui pourrait sous entendre qu'un individu qui plaque ses mains en tenaille au cours d'un entretien trahit son besoin d'en finir. Ce **refrain gestuel** devient donc **prédictif,** s'il intervient avant la conclusion logique de l'entretien.

Le **savoir** évoqué est synonyme de possibilité ou de potentiel. Être un homme ou une femme de savoir, c'est avant tout être capable de s'engager ou de faire les choses avant de les maîtriser. **La main gauche domine la droite.** Praticien plus que théoricien ; technicien plus que scientifique, le sens de l'improvisation, l'esprit d'entreprise, l'esprit d'initiative sont les qualités qui dominent. Les individus qui privilégient le mode savoir sont plus autonomes mais aussi plus imprévisibles.

Le **pouvoir** évoqué est une forme de soumission aux règles de la société ou aux événements que la personne ne parvient pas toujours à maîtriser. L'homme de pouvoir ressent le besoin de se soumettre à ses obligations pour se rassurer ou assurer sa sécurité au sein du groupe. Paradoxalement, il tient aussi les rênes du pouvoir. **La main droite domine la gauche.** Les individus qui fonctionnent selon le mode du pouvoir sont fidèles à leurs options, à leurs croyances et tendus vers des objectifs clairement définis dans leur esprit. Il faut se soumettre à la sanction de l'audimat pour devenir célèbre, se conformer à l'image du héros pour être distingué.

# N comme...

## NUQUE

*Et soudain, votre hôte croise les doigts sur sa nuque en se renversant contre le dossier de son siège.*

Geste typique d'un individu qui a déjà pris sa décision sans vous l'annoncer franchement. Vous aurez beau continuer à vouloir le convaincre, le sol se dérobera sous vos pieds. Il s'est fait une religion à laquelle il souscrira comme un seul homme. Le croisement des doigts derrière la nuque simule aussi une **attitude de fuite.** Fuite devant le stress, imitant un besoin de détente, ou fuite devant l'autre et ses exigences.

J'ai posé l'hypothèse que la nuque serait le siège symbolique de la confiance en soi. On y pose ses doigts croisés quand la confiance en soi est perturbée ou manipulée. Dans les réunions de travail qui s'attardent, les doigts croisés sur la nuque sont la norme, car la confiance en soi a tendance à se ramollir quand les neurones disjonctent.

J'ai constaté que l'arthrose de la nuque est souvent consécutive à une chute de la confiance en soi en interrogeant certains patients qui en souffraient à l'époque où j'exerçais encore.

# O comme...

## ŒILLADE

À la base, l'œillade peut se décrire comme une fermeture directionnelle d'un œil à la fois. Fermer un œil l'espace d'un instant suggère en effet que le secret n'est destiné qu'à la personne sur laquelle on se focalise. L'autre œil est gardé ouvert pour le reste du monde qui est exclu de ce geste aussi intime qu'éphémère. Mais c'est aussi un clin d'œil délibéré qui indique donc une connivence supposée entre l'émetteur et le receveur.

L'œillade n'est qu'un appel à la complicité et un geste humoristique conventionnel parce que souvent accompagné d'un demi-sourire ou d'une moue ironique. Plus fréquent autrefois, ce geste conventionnel est de moins en moins coutumier à notre époque. Cette désaffection est significative de l'évolution d'une société où la complicité n'est plus considérée comme un lien essentiel et où le bonjour verbal se raréfie au profit d'un regard en coin ou d'un hochement de tête à peine ébauché. Un clin d'œil suffit souvent à désamorcer une agressivité latente. Il précède le sourire partagé entre deux inconnus qui se croisent mais ne feront jamais connaissance. Ce n'est pas une invitation mais plutôt un geste de compassion, un moyen discret de dire son émotion ou d'échanger quelque chose de plus précieux qu'un sourire mécanique ou une poignée de main sans conviction. Le clin d'œil est un des outils de la tendresse.

**Clin d'œil droit** (l'œil droit se referme, le gauche reste ouvert). Vos émotions (œil gauche) priment sur votre raison (œil droit fermé). C'est le clin d'œil juvénile de l'éternel ado, un peu dragueur sur les bords et très séducteur à défaut d'être séduisant ! Il signifie : « Tu me plais ! », même si ce compliment gestuel n'est pas suivi d'effets. C'est souvent un compliment sans engagement, juste une caresse positive adressée à l'ego du receveur.

**Clin d'œil gauche !** C'est l'œillade de la connivence par excellence. Beaucoup plus paternaliste ou complice que séductrice. Elle signifie en principe : « Nous sommes du même bord. »

Soyez attentif(ve) à la latéralité du clin d'œil qui vous est adressé. Son reproducteur n'est pas toujours conscient du message qu'il vous envoie. Un clin d'œil gauche de la part d'un homme qui vous fait la cour est une trahison de ses intentions effectives. Il simule. Un clin d'œil droit de la part d'un pseudo-copain est une déclaration d'intention inconsciente. Vous lui plaisez, mais il niera son attirance pour ne pas vous mettre mal à l'aise vis-à-vis du locataire actuel de votre petit cœur. J'ai longtemps cru que les clins d'œil étaient des refrains gestuels invariables. J'étais dans l'erreur. Ils sont alternatifs, comme le croisement des jambes, et fonction du contexte de leur apparition.

## Cligner des deux yeux

C'est le clin d'yeux, paternaliste par excellence. Une marque d'encouragement ! « Allez ! Vas-y ! » Il est plus coutumier des hommes mûrs qui expriment ainsi leur confiance dans les capacités de la personne qui reçoit cette double œillade que d'hommes plus jeunes qui privilégient l'œillade borgne. Plus complice que connivent, le clignement appuyé des deux yeux se pratique beaucoup à l'attention des tout-petits qui vous le renvoient pour vous signifier qu'ils ont compris le message.

## OREILLE GAUCHE OU DROITE AU TÉLÉPHONE ?

L'oreille droite est rationnelle puisqu'elle dépend du cerveau cognitif. L'oreille gauche est émotionnelle puisqu'elle dépend du cerveau affectif. L'oreille réceptrice droite identifie un individu dont la communication est extravertie. L'oreille réceptrice gauche identifie un individu dont la communication est introvertie. En somme, cela revient à dire : *« Dis-moi comment tu m'écoutes et je te dirai comment tu communiques. »*

### Le mode introverti

L'introverti écoute généralement son correspondant téléphonique de l'oreille gauche. Toute communication verbale est une transmission d'information qui a besoin d'un canal pour être véhiculée. Il n'existe que deux canaux possibles : celui qui passe par l'ego du locuteur et celui qui passe par l'ego de l'interlocuteur. L'introverti se communique à l'autre, il emprunte le canal de son propre ego pour transmettre ses informations. Il est « je » avant d'être « tu » ! Il affirme plus qu'il ne questionne. L'introverti peut aussi poser des questions, mais il écoute rarement les réponses jusqu'au bout. Son ego le rend sourd à toute considération qui ne cadre pas avec ses convictions. C'est son talon d'Achille !

L'introverti projette ses désirs sur l'environnement par le truchement d'une conscience fortement imprégnée par son Moi. Il est très centré sur lui-même. Il ne perçoit les autres qu'à travers le filtre de son ego qui le protège efficacement contre toutes les frustrations de l'existence. S'il faut en croire Desmond Morris, les introvertis vivent en général plus vieux que les extravertis, parce qu'ils sont plus égoïstes. C'est le principe de conservation de l'espèce édicté par Darwin dans sa théorie évolutionniste. L'introverti cultive les opportunités au détriment des amitiés.

## Le mode extraverti !

L'extraverti écoute son correspondant téléphonique de l'oreille droite.

L'extraverti communique avec l'autre, il est « tu » avant d'être « je » ! Il questionne plus qu'il n'affirme.

L'ouverture aux autres est une richesse qui a un coût énergétique ! Les extravertis dépensent beaucoup d'énergie à écouter le monde. La différence avec l'introverti, c'est que l'extraverti qui réussit y arrive souvent grâce aux autres.

L'extraverti cultive les amitiés au détriment des opportunités. C'est là tout son secret ! De communiquer avec autrui sans y mêler son ego.

# P comme…

## PAUPIÈRES

*Les paupières se ferment de manière appuyée et régulière quand votre interlocuteur s'exprime.*

Le clignement des paupières est un phénomène gesticulatoire dans tous les cas de figure et signifiant dans un seul : quand il est appuyé. Tout clignement appuyé accompagne toujours un mot particulier de la phrase exprimée. Ce mot est généralement en contradiction avec le sentiment non dit du locuteur. La révulsion oculaire est une autre manifestation équivalente du clignement appuyé qui signifie exactement la même chose. Il ne dit pas ce qu'il pense et ne pense pas ce qu'il dit, soit par peur de perdre la main, soit parce que la situation qu'il vit est sans référence connue et qu'il lui faut s'y adapter sans filet. La fermeture appuyée des paupières est aussi le signe évident d'un tempérament frauduleux.

Ce tic peut également être consécutif à des troubles de la concentration. On ferme généralement les yeux pour discipliner sa pensée. Très nerveux, votre interlocuteur fonde ses relations sur des coups de cœur, un peu à la manière des ados. Le besoin de plaire ou de satisfaire l'autre est une de ses qualités principales. C'est le genre d'individu qui a besoin d'un guide professionnel, spirituel ou affectif pour compenser l'absence d'une image parentale mal intégrée dans la construction de sa personnalité.

# PIEDS

## LES PIEDS EN DANSEUSE

*Votre interlocuteur est debout en danseuse, l'une de ses jambes croise le muscle jambier de l'autre, le pied de la jambe croisée est posé sur la pointe.*

Il est anxieux de vous plaire ou peut-être que vous l'intimidez. Allez savoir ! Le besoin de déséquilibrer le corps n'est pas un geste gratuit qui s'exprime pour faire joli. Quand la plante du pied quitte la terre, c'est qu'il y a un problème au sommet de l'immeuble.

Cette attitude est fréquente chez des individus qui passent leur temps à dissocier l'être du paraître ou à fausser les règles du jeu. C'est-à-dire, beaucoup de monde ! C'est une attitude corporelle typique des consommateurs de bistrot qui s'appuient sur le comptoir pour assurer leur équilibre et échanger quelques banalités, ce qui confirme bien que chacun vit dans sa tête sans se préoccuper de ce qui se passe dans celle du voisin. Nous adoptons tous ce genre de posture et vous remarquerez qu'elle s'impose plus facilement quand on est intimidé. Comme si on recherchait, paradoxe, une assurance kinesthésique qui nous manque momentanément sur le plan mental.

## La jambe droite en appui et le pied gauche sur la pointe

Le pied gauche en danseuse et le poids du corps reposant sur la jambe droite. Le bas du corps est récepteur de l'atmosphère générale qui règne à l'extérieur et émetteur de l'ambiance délétère qui sévit dans le climat mental. Le bas du corps est stimulé par l'entourage et rend sa copie sans passer par la censure de la conscience. Quand un individu repose fréquemment ou régulièrement son pied gauche sur la pointe, il conjugue son présent à l'imparfait, se sent dévalorisé, il est victime d'un coup de blues ou d'un sentiment d'incomplétude. Cette attitude n'est pas un refrain invariable, elle peut changer de polarité en fonction des circonstances.

## La jambe gauche en appui et le pied droit sur la pointe

Le poids du corps repose sur la jambe gauche

pour activer l'aire cérébrale droite (l'imaginaire). La pointe du pied droit en danseuse signale une coupure temporaire du cerveau gauche (rationnel). Anxieux, nerveux, inquiet de la tournure des événements ou des résultats d'une rencontre mal annoncée, la panique est déjà programmée mais pas encore visible à l'œil nu. Pour se protéger des remous qui se manifestent dans sa conscience, il tient le crachoir, se montre loquace, mais ne dit pas ce qu'il pense et ne pense pas plus ce qu'il dit. Il parle pour échapper à la tempête qui le poursuit ou aux conséquences de ses actes. Il a peur de rater.

Tout cela vous paraîtra du plus haut tragique dans la mesure où la conversation des sujets observés se poursuit sur un ton aussi zen que possible. Mais le cerveau droit est en alerte maximale et il recherche désespérément une porte de secours. Nous sommes tous d'excellents comédiens quand il s'agit de dissimuler nos peurs de rater ou nos coups de blues à l'autre. Seuls ceux qui n'ont plus rien à perdre peuvent se permettre de craquer devant tout le monde.

Les pieds en danseuse n'expriment que l'ennui

quand un consommateur de bistrot est seul face à lui-même. On peut aussi y faire appel ponctuellement quand l'autre nous importune avec ses confidences de bistrot ou ses brèves de comptoir stupides. Le sentiment d'infériorité ou l'anxiété soudaine s'expriment en sourdine dans diverses circonstances sans s'afficher comme une pustule sur le bout du nez. Les pieds en danseuse suffisent, dans un premier temps, à dévier ces sentiments perturbateurs vers la terre. Les jambes en appui agissent comme des prises de terre. La jambe droite va évacuer le sentiment d'infériorité, un complexe qui dépend entièrement du cerveau cognitif. La jambe gauche tentera d'éliminer l'anxiété irrationnelle dont le cerveau droit est le fournisseur exclusif. L'appréhension est un sous-ensemble de l'imaginaire et la racine de toute anxiété irrationnelle. C'est à elle que nous devons nos nuits d'insomnies et nos troubles psychosomatiques les plus difficiles à survivre.

## LES PIEDS PERPENDICULAIRES

Une posture amusante à observer, juste en passant par là ! *Les pieds perpendiculaires* est une posture sociale assez fréquente adoptée par les adolescentes disponibles sur le plan amoureux. Cette posture est un signal « hot line » de séduction. La posture oriente le corps de trois quarts mettant le buste en valeur. Ce n'est pas une attitude fondamentale bien que très fréquente chez les jeunes femmes, branchées ou pas. Les gestes ont l'avantage d'être toujours tendance sans que les intéressés ne soient mis au courant des messages clairs et nets qu'ils délivrent à la cantonade. Tout le monde est déjà au courant, sauf celle qui reproduit la posture.

**Le pied gauche perpendiculaire au pied droit** trahit une personne hypersensible, hypersusceptible et très narcissique. Une Lolita grandeur nature qui adore qu'on l'admire mais qui n'est pas toujours prête à se lancer dans une histoire d'amour très torride avec un fiancé bon chic, mauvais genre.

**Le pied droit perpendiculaire au pied gauche** révèle un caractère plus audacieux et plus directif en matière de sentiments, une jeune femme qui sait parfaitement ce qu'elle veut, vous en l'occurrence, si elle reproduit systématiquement le pied droit en angle droit en votre présence et dans votre direction. Le pied droit est commandé par le cerveau gauche, un cerveau plus calculateur et plus opportuniste que le cerveau droit.

Je n'ai jamais observé de jeunes femmes montées sur talons échasses reproduire l'angle droit. Uniquement celles qui portaient des baskets ou des chaussures plates. Ce qui me donne à penser que cette attitude est typique des jeunes filles ou jeunes femmes disponibles au rayon des sentiments. Les bimbos sur échasses draguent autrement. Elles cassent la hauteur d'un talon en pliant légèrement la cheville pour que le talon forme un angle aigu avec le sol. Très sensuel !

## PINCE POUCE-INDEX

**ou cercle digital**

L'utilisation de la pince pouce-index en forme de cercle digital pour conforter son discours est un geste éminemment frauduleux. C'est exactement comme si je prenais un marteau pour enfoncer une punaise dans une plaque de liège. **Le cercle digital** est un geste de fraudeur ou de moqueur, selon les circonstances de sa reproduction. Les prometteurs s'en servent pour rassurer les troupes candides qui les suivent comme les trois petits singes (ne voient rien, n'entendent rien et disent rien).

## Les variantes du cercle digital

### Le bec de canard

Le pouce et l'index font mine de saisir un petit objet très mince, telle une feuille de papier, par exemple. Répété à l'envi, ce code gestuel trahit un individu qui est dans l'incapacité de saisir les opportunités qui passent à sa portée. Dans sa reproduction circonstancielle, le geste évoque un mauvais choix à faire ou une alternative ne débouchant que sur deux mauvais choix.

Curieusement, les propositions que ce geste accompagne semblent toujours aboutir à des solutions idoines, s'il faut en croire les propos de celui qui reproduit le bec de canard pour conforter son discours.

**Quand le pouce et l'index droits** se rejoignent, la traduction symbolique de ce geste est la suivante : « Je désire m'affirmer, faire autorité. »

**Quand le pouce et l'index gauches** se rejoignent, le geste change de signification : « Je rêve de posséder, j'imagine les moyens qui me permettront de m'emparer de votre esprit… »
Ces interprétations sont fondées sur les valeurs symboliques des doigts que j'ai postulées au fil de mes ouvrages sur la gestuelle, depuis une dizaine d'années, et qui semblent se confirmer à la lueur de mes multiples observations.

## La plume de sioux

Souvent, l'index s'associe au pouce pour former un cercle digital, tandis que les trois autres doigts jouent les utilités en plumes de sioux. Un code gestuel classique dans les milieux fréquentés par le pouvoir et, en particulier, le milieu politique. « Je vous garantis que… » est le sens premier connoté à ce geste si fréquent. Hélas, dans ce milieu, on ne garantit plus que les promesses qu'on ne peut pas tenir. Et le sens du cercle digital de se comporter dès lors comme un abus de langage et un geste traître à la parole donnée !

## La tête de lièvre

En ombre chinoise, ce geste projette une tête de lièvre sur le drap blanc. Le majeur gauche ou droit qui rejoint le pouce en cercle digital signifie que le bonhomme fait dans la démesure… d'infos ou d'intox ? Difficile de faire la part des choses. Le pouce et le majeur droits se traduisent ainsi : « Je désire vous imposer mes préjugés. » Le pouce et le majeur gauche : « Je voudrais vous éblouir. » À bon entendeur…

Ce genre d'interprétations repose sur la symbolique des acteurs en piste : le pouce droit est le doigt du désir, le pouce gauche, celui du plaisir ; le majeur gauche est le doigt de l'image de soi, le majeur droit, celui de l'organisation intellectuelle. En adaptant le geste au contexte, on peut en sortir une interprétation qui exprime parfaitement ce qui se passe dans l'esprit du reproducteur du geste.

## La mise en garde

Le pouce domine l'index accolé au majeur. Le geste est d'origine italienne. Il signifie « je te mets en garde contre... » quel que soit le contenu du message verbal. C'est un geste conventionnel et parfaitement explicite, donc non frauduleux.

### Les héritiers de Lucifer

Deux cercles digitaux pouce-index représentent une double fraude ! Geste de simulation, de moquerie ou d'imposture dans tous les cas de figure avec une main, que dire du même geste esquissé avec les deux ? L'avocat du diable n'eut pas fait mieux. Pourquoi le diable a-t-il besoin d'un avocat ? Parce qu'il cultive l'ironie du sort dont l'Homme est la première victime. Évitez les héritiers de Lucifer, ceux qui s'amusent à reproduire la double pince du crabe sous vos yeux. Ils ne méritent même pas la main que vous leur tendez pour prendre congé.

## POCHES

Les poches sont un facteur d'équilibre affectif important pour l'homme debout. Elles renforcent l'équilibre du corps. Le fait de cacher ses mains dans ses poches en public abaisse également le taux d'agressivité du sujet observé et peut lui éviter d'exciter l'agressivité de ses contemporains. Ce type de dissimulation est perçu par l'entourage comme un geste d'apaisement. Tous les éleveurs de chiens savent qu'il faut cacher ses mains dans ses poches, si on veut éviter d'exciter les chiens hargneux. Le chien voit-il ce geste ou ce geste génère-t-il une déviation ferro-hormonale de l'odeur que nous dégageons, diminuant du même coup le taux d'acidité de notre transpiration ? La truffe du chien peut sentir un spectre d'odeurs beaucoup plus large que le nez humain, dont la richesse de nos odeurs corporelles qui ne sont que les traductions olfactives des sentiments qui nous animent. Nous dissimulons tous nos mains dans nos poches à l'occasion, soit parce qu'il fait froid dehors, soit parce que nous percevons une agressivité verbale dans le discours de nos interlocuteurs, soit parce que nous ressentons un malaise dans un contexte d'exception ou d'examen. Soit, encore et toujours, pour se donner une contenance face à un partenaire éventuel. Les poches sont un refuge et/ou un outil de rééquilibrage comportemental. Une manière de se cacher des autres sans avoir besoin de les fuir. C'est un peu le **syndrome de l'autruche !** On cache ses mains dans ses poches à défaut d'y cacher sa tête. Mais les mains dans les poches sont surtout un signal d'apaisement.

Quand un homme est mis en situation d'exception, il cherchera automatiquement refuge dans ses poches pour abaisser instinctivement le niveau agressivité verbale dont il est la cible (réaction animale). La main que l'on glisse subrepticement dans sa poche vaut la cigarette qu'on glisse entre ses lèvres pour se donner une contenance. Les poches sont des refuges anti-stress qui permettent à la conscience de prendre un certain recul face à une tension. Mais les poches sont aussi très utiles quand il faut faire un effort de concentration, une autre situation de tension mentale. L'invention de la poche est aussi importante que celle de la roue pour l'Homme. Même si toute notion de contrôle n'est pas absente du jeu, le fait de glisser une main dans une des deux poches de son pantalon est en soi aussi réconfortant que de pouvoir s'asseoir pour soulager ses jambes.

## La poche droite

En enfouissant votre main droite dans la poche correspondante, vous débranchez votre cerveau gauche et vous offrez momentanément le premier rôle au cerveau droit. Le cerveau gauche est plutôt réactionnaire. Il n'aime pas trop le changement brusque ou la créativité imposée par le cerveau droit. Ce qui « est » a force loi. Ce qui « sera » n'a pas encore voix au chapitre. Quant à ce qui « pourrait être », ne gaspillez pas votre salive à en parler. Tel est le cerveau gauche, branché en permanence sur la réalité objective. Jeux de séduction, rêverie érotique ou non, période de détente après une situation de stress ou d'examen, etc., sont autant de situations ou l'esprit critique se détend et où la main droite disparaît souvent dans la poche du pantalon. Si j'enfouis ma main droite dans la poche de mon pantalon, c'est plutôt bon signe puisqu'il s'agit d'un geste anti-stress et d'une ouverture émotionnelle ou affective.

## La poche gauche

Cette latéralité intervient globalement quand on se sent dépassé ou désarçonné par le contexte ou les évènements et qu'on a peur de perdre le contrôle de ses émotions. Vous passez alors du camp psychoflexible (cerveau droit libéré) au camp psychorigide (cerveau droit enfermé). Quand je glisse ma main dans ma poche gauche, mon intuition est en congé de maladie. La main dans la poche de gauche est une main ennemie de l'expression des émotions, car elle est synonyme de contrôle de soi. En solitaire, si vous avez besoin de booster votre inspiration, la dissimulation de cette main bloque votre créativité.

### Les deux mains dans les poches

On désactive ses deux aires cérébrales quand la cloche sonne la récré. C'est l'attitude de démobilisation totale, de non-engagement par excellence. Je suis là mais ma tête est ailleurs, vous voyez ! Alors vous pouvez toujours parler, pour ce que j'en ai à faire. Si ça peut vous rassurer de me raconter vos histoires, allez-y, ne vous gênez pas pour moi, je suis présent aux abonnés absents… Anti-stress total, les deux mains enfouies indiquent que tous les fusibles sont débranchés et que le courant ne passe plus. Votre interlocuteur est entièrement disponible à soi-même et en personne, même s'il vous donne l'impression d'être à votre écoute. Sa disponibilité est plus frelatée qu'authentique. Cela dit, la posture est profitable quand il est nécessaire de prendre du champ. Un quart d'heure de balade avec les deux mains à l'abri dans vos poches vaut certainement une séance de relaxation. Vous remarquerez très vite que cette attitude handicape sérieusement toute réflexion structurée mais encourage très sérieusement la rêverie en circuit fermé.

## LA POIGNÉE DE MAIN

Les mains se tendent, se touchent, s'étreignent parfois durant de longues secondes, elles franchissent les territoires corporels, mais les individus sont ailleurs, perdus dans leurs pensées secrètes, projetant leurs mains hostiles en éclaireurs pour bien marquer la distance qui sépare les interlocuteurs. Car la poignée de main contemporaine n'est pas, contrairement aux apparences, un acte d'hospitalité comme pourrait l'être le baiser social. Elle est devenue un automatisme de protection du territoire dans la majorité des cas. Les mains que l'on serre pour se quitter ne jouent pas le même rôle que celles qu'on tend pour se rencontrer. La main de l'adieu est un aveu de sympathie, la main qui accueille n'est qu'une déclaration d'intention.

Le fait de se serrer la main est un geste d'ouverture ou d'apaisement. Les protagonistes qui s'approchent ainsi l'un de l'autre se signalent mutuellement qu'ils renoncent symboliquement à un possible affrontement physique. Vous remarquerez que si un conflit s'élève entre deux interlocuteurs, ils se quitteront très souvent sans se serrer la main.

Ceci étant posé, la poignée de main en dit long sur le type d'individu auquel vous aurez affaire. Il y a plus de soixante-dix manières de serrer la main d'un étranger. Peu d'entre elles sont véritablement accueillantes ! Dans un cadre plus amical ou familial, il y a des mains que l'on serre pour ne pas subir la coutume du baiser social et marquer ainsi une distance avec des individus pour lesquels on ne ressent pas de sympathie particulière.

## Les mains carnivores

*Votre hôte vous serre la main dans ses deux mains réunies.*

Il simule une attitude amicale qu'il est loin de ressentir. Prenez toujours le contre-pied de ce qu'il vous raconte et descendez impérativement à la prochaine station de métro ! Au registre des poignées de main, j'ai intitulé cette attitude « les mains carnivores », c'est tout dire. Ce type de poignée révèle une conduite roublarde de la part de celui qui en fait usage. Il fait semblant de vous accueillir comme si vous étiez le rédempteur ou la star qu'il attendait de toutes ses espérances. Le geste a l'air chaleureux et on peut l'apercevoir régulièrement dans les reportages télévisuels ou sur les clichés des magazines. Les politiques en abusent pour donner l'illusion d'une entente cordiale.

## La grappe

*Votre interlocuteur vous tend le bout des doigts en guise de poignée de main.*

Tempérament fugueur d'un individu qui ne s'engage jamais autrement qu'en paroles. Cette poignée de main est hautement significative, vous vous en doutez. L'ennui, c'est que le personnage adopte souvent une attitude conviviale qui vous fait oublier le couac d'introduction. Or, la poignée en question est un véritable aveu de simulation ou de dissimulation. Il fait semblant de vous recevoir, fera semblant de vous écouter et vous promettra d'y réfléchir en faisant semblant de vous congédier. Tout est virtuel, vous y compris ! Comment fait-on semblant de congédier un invité ? En lui affirmant qu'il peut revenir quand il le souhaite ou qu'il sera toujours le bienvenu. Un tic verbal très couru sur les plateaux de télé.

### Le suzerain

*Votre interlocuteur vous serre la main droite et pose sa main gauche sur votre épaule droite.*

L'épaule droite est l'un des sièges de votre ambition. Manifestement, il vous apprécie. Hélas, la main gauche qu'il pose sur votre épaule indique qu'il vous considère comme un vassal. Vous lui devez obéissance et respect. S'il s'agit de votre supérieur hiérarchique ou de votre patron, vous n'avez pas le choix. Il vous utilisera à sa guise tout en vous distribuant des bons ou des mauvais points suivant ses exigences. L'adoubement de la main gauche est une marque d'estime à double tranchant. Le geste est chaleureux mais la suite du scénario pourrait bien vous procurer quelques sueurs froides. Soyez hyper vigilant, car vous êtes déjà sous influence ! Les suzerains sont coutumiers des douches écossaises. Ils soufflent le chaud à l'apéro et se réservent le dessert pour vous menacer d'une indigestion.

## La main du diable

*Votre interlocuteur vous tend la main gauche sans pour autant être gaucher.*

Même si sa main droite est occupée, cette manière d'accueil est un aveu d'antipathie pur et dur opéré avec le sourire du faux cul. Provocateur, commère et manipulateur, il s'arrangera toujours pour vous coincer entre deux portes pour vous soutirer les vers du nez. Il prêchera le faux pour savoir le vrai, traitera tous les autres (dont vous faites partie, d'ailleurs) de *minus habens* et prétendra être dans le secret des dieux. La prochaine fois que vous le croiserez, refusez sa main gauche, il oubliera de vous tendre la droite.

## La pieuvre

*Votre interlocuteur vous serre la main et l'avant-bras de ses deux mains, en guise de poignée de main.*

S'emparer de l'avant-bras d'un interlocuteur est une manière symbolique de neutraliser ses moyens de défense. Ce type de poignée de main trahit un tempérament de prédateur. Les individus qui en font un usage immodéré remplacent leur intelligence par leur malice et sont dépourvus de sensibilité ou de chaleur humaine élémentaire. Les *killers* affectionnent cette entrée en matière avant de dévorer les énergies de leur interlocuteur.

## Le broyeur

*Votre interlocuteur vous serre la main en vous broyant les phalanges.*

Le sujet a besoin d'imposer sa volonté. Il manque manifestement d'assurance, sinon il n'aurait pas besoin de broyer les mains de ses interlocuteurs. Poignée de main fréquente chez des sujets en recherche de confrontation pour échapper à un sentiment d'infériorité délétère, c'est une manière comme une autre de s'affirmer quand on se sent en position de faiblesse. Le « patron » qui broie la main de son employé expose son tempérament soi-disant volontaire. Il manque manifestement d'assurance, sinon il n'aurait pas besoin de jouer les matamores. Cette poignée est fréquente chez des sujets en recherche de confrontation.

## Le grappin

*Il vous serre la main droite et vous accroche le coude ou le biceps droit de sa main gauche.*

Voilà une poignée de main quelque peu envahissante. Si elle émane d'un ami, il n'y a rien à y redire. En revanche, si elle provient d'une relation d'affaires, il y aurait lieu de prendre du recul d'urgence. Votre interlocuteur compte vous en demander bien plus que vous ne seriez disposé à lui en offrir. Il cherchera à vous influencer ou à vous manipuler dès les premières minutes de votre entretien.

## Le substitut

*Votre interlocuteur vous tend l'index en guise de poignée de main.*

Vous n'êtes à ses yeux qu'une image virtuelle qu'il oubliera dans les dix secondes qui suivront votre départ. Il s'apprête symboliquement à vous quitter avant même de vous avoir rencontré. Cette séquence appartient au registre des poignées de main, même si elle n'en représente qu'un ersatz. Elle traduit un mépris pour celui auquel on offre ce doigt en guise de bienvenue. Elle est aussi le fait d'un individu qui ne s'engage que superficiellement dans ses entreprises et ne tient généralement pas ses promesses. Que la main de votre interlocuteur soit amputée d'un ou de plusieurs doigts, on pourrait se demander s'il y aurait une hiérarchie de l'estime que l'on vous porte suivant le nombre de doigts tendus ? Je ne le crois pas. En tout état de cause, je vous déconseille de fréquenter un personnage qui vous serre la main de cette manière. Et si vous devez le supporter malgré tout pour raisons professionnelles ou familiales, arrangez-vous pour ne plus lui tendre la main la prochaine fois ou imitez-le, tendez-lui votre index !

## La main fuyante

*Votre interlocuteur vous serre la main de manière fuyante.*

Individu ambigu au tempérament hypocrite. À peine la lui serrez-vous que la vôtre se retrouve toute seule à saisir le vide. Vous êtes en face d'un fourbe qui, à la rigueur, vous décernera un sourire en toc pour le même prix. Il faudrait être aveugle, sourd et muet pour lui accorder votre confiance. Qui plus est, le personnage est aussi avare qu'Harpagon. Si vous espérez lui vendre quelque chose, vous êtes un fichu naïf.

### La main fondante

*Elle abandonne langoureusement sa main dans la vôtre.*

C'est la main fondante de la séductrice en chasse. L'attitude est plus que suggestive et vous êtes déjà l'élu avant même d'avoir ouvert les hostilités. Attention ! Il se pourrait que votre interlocutrice tente de vous mener en bateau. Elle simule une attitude destinée à vous tromper sur ses intentions réelles. Sans pour autant devenir parano, ne plongez pas dans le piège sans parachute. Prenez de la distance et attendez d'autres signaux avant de triompher. S'il s'agit d'une relation d'affaires, ne vous trompez jamais de registre avec ce genre de séductrice ! Elle est là pour vous arracher le meilleur prix… avec le sourire en prime.

## La pince

*Votre interlocuteur vous serre la main en vous pinçant le bout des doigts.*

Une poignée de main comme une autre pour vous signaler que vous n'êtes pas le bienvenu ou qu'on ne vous tient pas en haute estime. L'individu est méprisant et ne s'en cache pas. En réalité, il utilise la technique manipulatrice du rejet d'entrée de jeu pour vous forcer à abattre vos cartes. Si votre jeu lui sourit, vous le verrez changer d'attitude à votre égard en l'espace d'un instant. Il se payera même le plaisir de justifier son manque d'hospitalité initiale sous le prétexte quelconque d'un malentendu. Hypocrite et pervers, il vous plumera comme un poulet de grain, si vous vous laissez faire.

## Le mollusque

*Votre interlocuteur vous serre la main avec une mollesse affectée alors que vous avez pu constater que tel n'est pas forcément le cas avec d'autres personnes de votre groupe.*

Cette poignée particulière indique un refus de vous reconnaître comme un interlocuteur valable. La poignée de main molle appartient normalement à un individu dont le tempérament est plutôt obséquieux, même s'il dispose de certains pouvoirs. Ne vous fiez jamais à son envergure ou à sa réputation, elle est surfaite ; fiez-vous à sa poigne, elle le trahit mieux que son sourire en toc.

En principe, la poigne est un vecteur énergétique important en communication non verbale. On transfère son potentiel énergétique à l'autre ou on refuse de lui accorder cette véritable marque d'estime. La main molle représente le refus de cet échange énergétique. Vous remarquerez que la poignée de main en guise d'adieu est souvent plus chaleureuse et sincère que celle que vous serrez au premier contact. D'ailleurs, si votre entretien ne s'est pas déroulé dans les meilleures conditions, la poignée d'adieu est souvent oubliée de part et d'autre. Certains interlocuteurs vous quitteront en vous touchant précipitamment le bras, ce qui est une manière de vous effacer de leur mémoire.

## POIGNET (ancrage du)

Réflexe gestuel aussi fréquent qu'invariable, l'ancrage du poignet est d'abord une attitude de détente du dos. Quand les militaires sont au repos, c'est la posture qu'ils adoptent obligatoirement. Cependant, la main qui domine est toujours identique. C'est probablement l'ancrage le plus couru. Nous le reproduisons tous en toute innocence sans nous douter un seul instant de ses conséquences sur nos émotions ou de ce qu'il trahit à notre insu.

Les poignets sont les sièges symboliques du sentiment de sécurité ou d'insécurité, plus précisément, le poignet gauche symbolise l'**indécision** et le **fatalisme** et le poignet droit, l'**imprévisibilité.**

On attrape toujours les enfants en bas âge par les poignets pour leur éviter une chute. Le réflexe qui consiste à menotter son poignet gauche de la main droite ou vice versa est un réflexe de défense contre une intrusion verbale présumée hostile ou contre l'invasion de l'ennui. Ce geste anesthésie la combativité du producteur. Il est à proscrire, car il informe aussi que le sujet devient suggestible. **L'ancrage du poignet droit** (l'imprévisibilité) handicape votre esprit logique. **L'ancrage du poignet gauche** (l'indécision) augmente la vulnérabilité de vos émotions et diminue vos chances de succès, car il hypothèque votre créativité.

## La main gauche retient le poignet droit

Quand l'émotion bloque la raison, quand la logique retient la fantaisie, quand la main gauche retient le poignet droit, c'est l'ancrage des impulsifs ! Impulsif, émotif, empirique, suggestible et superstitieux !

L'impulsivité est un mode de comportement dominé par l'émotion du moment. L'impulsif est le roi du désordre. C'est l'homme ou la femme des coups de foudre ou des coups de cœur. Confronté à l'insécurité, la réaction de l'impulsif est imprévisible, son sens de l'improvisation le sauve souvent du KO final. Il refusera de suivre le plus grand nombre contre toute attente, n'écoutant que son instinct de survie. L'impulsif n'est jamais grégaire, il est irréfléchi, s'emporte facilement quand on le contrarie, mais il est aussi spontané et fougueux quand il est passionné. Car l'impulsif est aussi un indécis qui jette sa gourme dans la fosse aux lions. Ses mécanismes de décision sont souvent perturbés par l'incapacité de prendre un recul suffisant pour analyser les avantages ou les inconvénients d'une opportunité. Tous les consommateurs indécis sont des acheteurs impulsifs et des consuméristes distingués.

### La main droite retient le poignet gauche

Quand la raison emprisonne l'émotion, quand la logique a la préséance sur le fantasme, quand le rationnel l'emporte sur l'irrationnel, quand la réalité dépasse la fiction, c'est le mode d'ancrage des sceptiques ! Réfractaire, incrédule, sous contrôle, souvent aussi calme en apparence que pondéré ou réfléchi, méthodique ou réaliste ! Le sceptique a tendance à réagir à l'insécurité par la force d'inertie. Il peut être aussi grégaire et suivre le mouvement imposé par la majorité. Le sceptique est un individu prudent. Le doute est un sentiment forteresse, cousin de la prudence. Il évite de prendre des décisions à l'emporte-pièce. Quand la main droite retient le poignet gauche, elle prévient aussi le passage à l'acte propulsé par le carburant émotionnel, l'empêchant de se produire impulsivement.

## LES POINGS

Signe de force, de violence et d'agressivité, l'homme serre les poings symboliquement quand son destin lui est contraire ou quand il veut réveiller sa combativité. Il faut éviter d'abuser de ce code gestuel réflexe car sa reproduction exagérée trahit une incapacité à faire passer le message ou à passer à l'acte, le moment venu. Il solde sa combativité un peu comme toutes ces gentilles personnes qui vous quittent en vous souhaitant : « Bon courage ».

## LES POUCES

### Les pouces cachés

**Les pouces sont cachés derrière le rempart des doigts croisés.** Désirs et plaisirs sont interdits. L'intellect fonctionne au ralenti. Motivation et imaginaire sont inhibés par un vécu plus frustrant qu'excitant. J'ai observé ce genre de refrain chez un nombre important de personnes végétatives. Cependant, on peut aussi le rencontrer chez des ados timides ou des individus réservés.

### Les pouces démobilisés

**Doigts croisés, les pouces reposent côte à côte sans dominance particulière.** Ce geste indique une attitude mentale démissionnaire, voire une confusion intellectuelle. Ni désir ni plaisir ! Ni motivation ni rêve ! Ni sexe ni jouissance ! Les pouces sont inertes. La plupart des téléspectateurs repus qui s'adonnent à leur sport télévisuel favori après un bon repas adoptent parfois cette attitude. La tête vide, les yeux pleins d'images, ils voient la télé plus qu'il ne la regarde quand ils ne la subissent pas à défaut d'autre chose. Il est vrai que cette « passivité » n'exige pas beaucoup de motivation ou d'imagination, ce qui explique d'ailleurs le relâchement musculaire des pouces. On peut toujours zapper, mais zapper est si fatigant quand les pouces sont inoccupés !

### Le pouce incarcéré

**Les doigts servent de cache-col au pouce.**

Le pouce incarcéré est un réflexe gestuel que je n'ai jamais pu cataloguer en invariable ou en alternatif. Cependant, la fréquence de sa reproduction est telle que j'ai pu observer les reproducteurs à loisir en analysant le contexte qui favorisait ce geste et parfois y associer le tempérament de ceux qui m'étaient proches. Combien de fois ai-je surpris une ado en larmes (que son petit ami venait de quitter) en train de reproduire l'insertion entre le majeur et l'annulaire gauche ? Cette insertion traduit un désarroi affectif ou amoureux.

**Envieux ou intello**

Il glisse souvent son pouce entre le majeur et l'index de la même main. Il disperse le peu d'énergie qui lui reste aux quatre vents en s'investissant dans des croisades inutiles ou en faisant les plus mauvais choix possibles. Ce geste traduit principalement un manque de combativité.

**Petite leçon de sémantique gestuelle !**

Si le geste est reproduit de la main gauche… Le pouce gauche (le plaisir) est incarcéré entre l'index (la jalousie) et le majeur (l'image de soi). L'accès au plaisir est subordonné à une image narcissique qui ne supporte pas le succès des autres (ce qu'ils possèdent). C'est un envieux qui se trahit par la répétition de cette insertion !

Si le geste est reproduit de la main droite… Le pouce droit (la motivation) est coincé entre l'index droit (affirmation de soi) et le majeur droit (confiance en soi). La motivation est totalement investie dans une affirmation narcissique des compétences du sujet. C'est le portrait de l'intellocrate. Généralement, la latéralité est invariable, mais j'ai déjà assisté à des relais entre la gauche la droite.

### Saboteur ou immature

*Votre interlocuteur glisse souvent son pouce entre l'annulaire et l'auriculaire.* Une perle rare et un signal gestuel d'anorgasmie globale. J'ai observé cette variante à plusieurs reprises chez des patientes désorientées, voire des femmes névrosées et surmenées (uniquement des sujets de sexe féminin).

Si le geste est reproduit de la main droite... Le pouce droit (la motivation) est subordonné au bon vouloir de l'annulaire droit (la volonté) et de l'auriculaire droit (l'ambition). Étranglée entre la volonté d'aboutir et une ambition démesurée (arrivisme), la motivation s'épuise, poussant l'individu droit dans le mur. Le profil du saboteur n'est pas loin.

Si le geste est reproduit de la main gauche... Le pouce gauche (le plaisir) est investi (annulaire gauche) dans une quête frénétique ou une régression névrotique dans le passé ou l'enfance du sujet (auriculaire droit). Le sujet se conduira de manière immature pour apitoyer ses proches.

**Insensibilité ou inachèvement**

*Votre interlocutrice glisse souvent son pouce entre le majeur et l'annulaire de la même main.*

Si le geste est reproduit de la main droite… La motivation du sujet (pouce droit) est influencée par la volonté (annulaire droit) de psychologiser ou d'intellectualiser le débat (majeur droit). Il se conduit en cérébral pur jus, totalement insensible aux émotions des autres. La frustration fait partie du menu des festivités qu'il pourrait vous proposer.

Si le geste est reproduit de la main gauche… L'investissement affectif (annulaire gauche) et le passé amoureux (auriculaire gauche) sont coupés du plaisir (pouce gauche). En clair : le geste est prédictif d'une rupture ou d'un couac affectif. Cette interprétation procède d'un contexte amoureux. Dans tout autre situation, on peut réinterpréter les facteurs en présence : l'investissement associé à l'expérience handicape l'achèvement de son projet, barre la route de l'objectif.

# LES POUCES MARIONNETTES

Votre interlocuteur a les doigts croisés, ses pouces s'écartent régulièrement.

Geste pare-choc, destiné à l'origine à protéger son producteur contre toute attaque qui viendrait le déstabiliser, l'écartement régulier des pouces trahit le peu de conviction que le locuteur investit dans ses propos ou le peu de connaissance qu'il possède sur le sujet qu'il prétend maîtriser. Ce code gestuel réflexe trahit le charlatan. Les bras sont prisonniers du croisement des doigts. Il use souvent d'un discours réducteur tout en promettant la lune à son interlocuteur. La contradiction entre le discours verbal et la reproduction de ce geste ne devrait plus vous échapper. Aussi malins qu'ils puissent être, les charlatans, qui sont aussi des menteurs professionnels, refusent d'accorder tout crédit au langage du corps. Sans doute parce qu'ils sentent confusément que leur corps les trahit.

Si vous repérez des pouces marionnettes dorénavant, observez bien le producteur du geste. Le mensonge ne vous semblera pas aussi évident que celui proféré par un gamin de huit ans. D'autant plus que certains responsables scientifiques usent volontiers de ce code réflexe. Gênant de se dire qu'eux aussi nous servent des vérités de carnaval ! Lors de la canicule en 2003, j'ai assisté à la plus incroyable pandémie de pouces marionnettes jamais enregistrée dans mon souvenir. Tous les responsables s'y sont mis. Tous responsables mais pas coupables ! Non ! le mensonge n'a rien à voir avec le nez, sauf chez Pinocchio, mais il a tout à voir avec les pouces marionnettes.

## Les pouces scotchés

**Les pulpes des pouces sont en appui, ils restent scotchés.** C'est une attitude de refus « gestualisée ». Le sujet est oppositionnel et de mauvaise foi. Il objecte mentalement mais n'exprime pas pour autant son refus. Ce sont aussi des individus qui ne disent jamais ce qu'ils pensent et ne pensent pas ce qu'ils disent. Les pouces scotchés n'expriment ni désir ni plaisir. Ils sont neutres et trahissent un individu psychorigide dans 99 % des cas. C'est le genre de personnage borné et procédurier qui préférera un mauvais procès à un arrangement amiable. Il affirme souvent sa sympathie à tout va, ce qui donne de lui une impression fallacieuse de bonté naturelle.

## PUPILLES

Il existe des individus dont les pupilles se dilatent plus facilement que d'autres en lumière constante. Cette dilatation s'appelle la **mydriase** et correspond normalement à l'accommodation de l'œil à l'obscurité ou à la distance. La **myosis** est son contraire, elle indique une rétractation de la pupille quand l'œil est frappé par une lumière vive. Mais il existe aussi d'autres raisons qui provoquent la dilatation ou la rétractation des pupilles.

En lumière constante, la dilatation de la pupille intervient quand la conscience d'un individu est envahie par un désir ou un plaisir massif. Réaction bio-mécanique, cette dilatation en lumière constante trahit la satisfaction d'un plaisir ou la proximité d'un désir. Elle est évidemment plus visible chez les individus aux yeux clairs. Ce phénomène est surtout fréquent chez les enfants qui guignent un jouet ou une friandise. **Quand la bouche salive, le regard se trouble.** Les pupilles des sujets jouisseurs et psychoflexibles réagissent nettement plus vite à l'émergence d'un désir que celles des sujets ambitieux et plus psychorigides. Il ne faut pas confondre le désir ou le plaisir partagé et le désir pervers ou sadique qui réduit les pupilles à la taille d'une tête d'épingle.

## Profil mydriase

Les individus qui ont tendance à vivre dans **l'ici et maintenant** sont facilement repérables à la taille de leurs pupilles. Ce sont des profils qui se motivent aisément quand une entreprise ou un projet leur plaît. Ils ne sont pas ambitieux au sens propre du mot mais motivés à tirer du plaisir de leurs actes ou de leurs initiatives. Ils jouent à la vie comme des enfants et jouissent de leurs succès sans pour autant se pénaliser de leurs échecs.

La dilatation rapide de leurs pupilles vient de l'atmosphère positive qui règne dans leur climat mental.

## Profil myosis

À l'inverse, les ambitieux, les carriéristes et les opportunistes affichent des pupilles rétractées la plupart du temps. Ils vivent **demain et ailleurs,** en projection sur le futur qui les attend sans impatience, mais qu'ils sont impatients d'atteindre. Les **profils myosis** représentent la majorité des gens dans les sociétés occidentales. Les pupilles tête d'épingle sont particulièrement visibles dans les quartiers ou les milieux d'affaires ou sur un plateau de télévision. Vous ne verrez jamais un individu stressé avec des pupilles dilatées. Il est intéressant d'observer ce genre de réaction oculaire chez les artistes de variété ou les comédiens de cinéma. Certaines myosis contredisent leurs affirmations de bonheur total ! L'extase publique des stars sur les plateaux de télé est souvent plus verbale que sincère.

Il suffit d'apercevoir la taille de leurs pupilles pour mesurer celle de leur degré de franchise. Redoutable, n'est-ce pas ?

# R comme...

## RUMORISTES

**Codes d'intention**

Les hommes politiques qui souhaitent se confier discrètement certains détails, en public ou sous le feu des caméras de télévision, savent que les commentateurs politiques utilisent des spécialistes de la lecture des lèvres pour décoder leurs propos. C'est sans aucun doute la raison pour laquelle ils dissimulent leur bouche pour se confier l'un à l'autre face aux caméras. Ce ne sont pas forcément de vilains pervers qui se gaussent en bavant sur la nouvelle minijupe d'une collègue. Généralement, les individus qui abusent de la dissimulation de leur bouche derrière le paravent des mains sont des « rumoristes » (du mot rumeur), un néologisme qui fait référence aux fanatiques de Radio Couloir. La dissimulation de la porte des secrets qu'est la bouche est la norme plus que l'exception.

# S comme…

## SOURCILS

Les sourcils expriment principalement deux aspects du climat mental : l'étonnement ou la suspicion. Ils sont donc généralement utilisés en manière de reproche. Pourtant, la partie basse du front est le siège de l'inspiration ou de la créativité. Des sourcils très mobiles seraient dès lors une preuve kinesthésique de la prédominance de ces deux qualités. Hypothèse qui reste à démontrer.

### Les sourcils marionnettes

Les sourcils mobiles sont des sourcils marionnettes. Ils voyagent du bas du front vers le haut au rythme des mots clefs. Ils participent au discours, se soulevant régulièrement pour ponctuer les propos du locuteur. C'est un personnage qui prend à cœur d'informer son entourage à la manière d'un instituteur de la France d'autrefois. Il a pour mission de leur faire ouvrir les yeux en grand angle, ce qu'il préfigure en relevant les sourcils, sans aucun doute. Il fera tout ce qui est en son pouvoir pour vous convaincre que vous avez tort et qu'il a forcément raison, surtout s'il a tort et qu'il sait pertinemment que vous avez raison. Un peu compliqué, le bonhomme (ou la dame) aux sourcils mobiles ! Les sourcils marionnettes sont aussi des personnages très susceptibles. Ils détestent qu'on ironise sur cette manie gestuelle.

### Les sourcils machiavéliques

*Votre interlocuteur fronce les sourcils en les rapprochant vers la racine du nez.*

À l'origine, le fait de froncer les sourcils était une manière un peu théâtralisée de questionner son interlocuteur sans verbaliser son interrogation. Louis Jouvet en jouait régulièrement. L'air méchant bien connu des enfants et des conteurs prend ici tout son sens. L'homme aux sourcils cruels fait dans le genre subversif. Il se dispute facilement avec tout le monde car il a un besoin viscéral d'être traîné dans la boue. Sans cela, sa vie se déroulerait comme un long fleuve aussi ennuyeux que rectiligne. Jouvet était-il un personnage subversif ou cruel ? En tout cas, il aimait en incarner le genre. Les sourcils qui se rapprochent régulièrement pourraient aussi traduire le doute qui mine la confiance en soi d'un individu pas subversif pour deux sous.

## J'ai les sourcils qui me démangent

*Votre interlocuteur se gratte les sourcils du bout d'un doigt.*

Vous avez affaire à un sujet versatile et très capricieux, un digne représentant de cette nomenklatura fort répandue sur notre petite planète, j'ai nommé les hommes de pouvoir à géométrie variable et à responsabilité relative.

## Le toilettage des sourcils

*Votre interlocuteur, coudes en appui, se lèche le bout des doigts avant de lisser ses sourcils.*

Séquence gestuelle classique chez les individus qui se prennent pour des gourous. Il se collera un air de cabaliste sur le front et un air d'ésotériste distingué au coin des lèvres. Dans tous les cas de figure imaginables, il vous conseillera – avant – la plus mauvaise solution possible et vous reprochera de ne pas avoir choisi la meilleure – après. Le producteur de ce tic gestuel est incapable de tenir un discours honnête, tout en lui est frauduleux, falsifié, maquillé, faussé, travesti, corrompu, truqué, etc. Si après ça vous n'avez pas encore compris, c'est que vous devez aimer vous faire rouler dans la farine. À chacun son vice !

## STYLO

Même ceux qui s'en sortent plutôt bien, ceux de la France d'en haut, n'échappent pas au sentiment d'insécurité général. Il suffit d'observer les hommes politiques ou les responsables de grosses structures invités à s'exprimer devant les caméras pour s'en convaincre. *La plupart d'entre eux conservent un stylo entre leurs doigts,* stylo auquel ils se raccrochent tout en glosant jusqu'à en perdre haleine. Il s'agit là d'un geste barrière typique chez les hommes d'influence (politiciens, journalistes, animateurs). Leur stylo est une arme symbolique qui est censée les protéger contre le harcèlement de leurs détracteurs ou les propos d'un débatteur pugnace. C'est aussi la baguette du chef d'orchestre qui prolonge opportunément l'index autoritaire de l'homme de pouvoir ! Il tient son stylo dans la main gauche ou droite... et s'en sert comme extension de son index. Celui qui a besoin de ce genre d'outil pour imposer son autorité est-il un vrai leader ? Il s'accroche des deux mains à son stylo comme à une barre de trapèze… et mouline des bras sans lâcher son trapèze. C'est le profil du cérébral pur jus.

# T comme…

## TÊTE MOBILE OU MAINS BAVARDES

Vous avez sûrement déjà remarqué que certains de vos proches agitent la tête quand ils s'expriment, mais leurs mains demeurent cachées, ancrées ou immobiles. Ils sont hypermimiques. En revanche, ceux dont les mains servent de sous-titrage au discours reproduisent beaucoup moins fréquemment cette agitation du chef, sauf quand ils s'énervent.

La mobilité réflexe de la tête est la norme quand un sujet observé est en situation de stress ou de défense de son territoire. On utilise rarement ses mains pour se défendre, mais plutôt pour convaincre. On peut dès lors supposer qu'une personne qui agite la tête en parlant exprimera sa méfiance dans la mesure où elle est ponctuellement ou toujours sur la défensive. Dans les situations extrêmes de défense, les têtes mobiles sont la norme observée. Ce code gestuel devient un réflexe inconditionnel chez certains individus qui s'affichent comme des victimes de leur entourage. Dans les grèves, les manifestants interrogés par des journalistes expriment souvent leurs griefs en agitant la tête plutôt qu'en utilisant leurs mains. Submergés par leurs doléances, leur colère ne s'exprime pas librement.

Les **têtes mobiles** sont des individus qui ont perdu confiance en eux et empêchent leurs mains (les aires cérébrales) de se libérer. Ils se méfient d'eux-mêmes ou des autres. La mobilité de la tête n'empêche pas forcément l'intervention très ponctuelle de l'une ou l'autre main, mais l'observation permet de constater que cette intervention est peu significative. La main est rappelée à l'ordre et la tête poursuit ses turbulences.

*Pourquoi les mains se figent quand la tête s'agite ?* Les mains bavardes impliquent une créativité du contact. Si elles se figent, cette créativité disparaît et apparaît l'ennemi de la créativité : le front du refus ou l'esprit contestataire.

Les **mains bavardes** sont des individus qui se livrent plus facilement.

Il est intéressant d'observer la main dynamique privilégiée pour savoir à quel genre de locuteur on a affaire (voir le refrain gestuel de la main privilégiée à la main dynamique).

*Pourquoi la tête cesse de s'agiter quand les mains s'expriment ?* On ne peut pas être à la fois réformiste et contestataire. Les mains expressives indiquent un niveau de créativité et un esprit tourné vers le progrès des consciences. Mains bavardes et têtes turbulentes ne peuvent pas s'entendre, ils vivent sur des planètes antagonistes.

### Ni tête ni mains

Il existe une catégorie d'individus « hors-concours » qui ne bouge ni la tête ni les mains quand ils s'expriment. Ce sont des manipulateurs de haut vol. Plus menaçants que conviviaux, ils prennent vos mesures et mesurent vos émois avant de vous jeter dans la fosse aux lions.

## LES DOIGTS CROISÉS SUR LA TÊTE

**Les doigts sont croisés sur le haut du crâne ou sur la nuque** sont des codes d'intention qui préfigurent le résultat d'un entretien. C'est ce que j'appelle un geste prédictif de mauvais augure. Le reproducteur se sent pénalisé ou sanctionné. Les doigts croisés sur le sommet de la tête vous rappelleront certainement des souvenirs de la petite école. Mais cette position peut aussi traduire une attitude oppositionnelle, donc pas aussi soumise qu'on pourrait le croire. Par convention, c'est l'attitude adoptée par les prisonniers de guerre. Cette posture est la traduction littérale d'une soumission totale à celui ou ceux qui détiennent le pouvoir. Dans tous les cas de figure, les mains scotchées sur la tête sont des mains passives ou rétives. « Je me soumets ou je n'aime pas, mais je garde ça pour moi. » Tout dépend du contexte. Aussi loin que remontent mes souvenirs, chaque fois qu'un de mes interlocuteurs a reproduit cette posture, l'atmosphère de l'entretien a tourné comme la mayonnaise. Les intentions initiales sont devenues des rétentions, voire des marches arrière brutales et d'autant plus imprévues que le ton était plutôt hospitalier d'entrée de jeu. Cette posture est un geste prédictif auquel il faut être attentif, car il signifie que la porte vient de se refermer sans préavis.

## LA ROTATION DE LA TÊTE

La rotation latérale de la tête, tout en conservant le regard dans l'axe, est un refrain gestuel invariable. C'est un critère de gestion du territoire, à l'instar du croisement des bras. Ce réflexe gestuel particulier indique aussi deux attitudes distinctes dans le mode de réaction à l'invasion du territoire : la défiance ou le défi, et deux portraits : celui du lauréat potentiel ou celui du challenger.

La rotation de la **tête à gauche** déplace la vigilance binoculaire sur l'œil droit. Et ce dernier dépend du cerveau gauche ou cerveau cognitif.

Cette rotation s'apparente à la défiance ou à la fuite simulée (suis-moi, je te fuis !). Les challengers se ménagent toujours une porte de sortie en cas d'échec annoncé. Ils savent qu'ils peuvent éviter de subir leur interlocuteur, s'ils le souhaitent, en se défilant. On fuit toujours par la gauche. La rotation de la tête à gauche dénote un individu moins dynamique ou moins tonique que son alter ego, le lauréat. Il est d'accord pour participer mais fuira comme un pet sur une toile cirée s'il est obligé d'entrer en compétition avec un candidat plus fort que lui.

La rotation de la **tête vers la droite** déplace la vigilance binoculaire sur l'œil gauche. Il dépend du cerveau droit ou cerveau affectif. Il s'apparente au défi, réaction provenant d'un personnage plus impulsif. La rotation de la tête vers la droite est une réaction de défi qui indique paradoxalement une vraie flexibilité relationnelle. Lauréat potentiel, il est prêt à relever tous les défis, et méfiez-vous de lui ou d'elle, surtout s'il n'a pas l'air de ce qu'il est. Ce sont souvent des outsiders qui se révèlent redoutables quand il est trop tard pour les contrer.

# INDEX


## A

Jouer avec les allumettes 9
Applaudissez l'artiste ! 11
Les appuis du corps 13

## B

Le bâillon 15
Le bâillon pouce-index 19
Les bras se croisent 20
Le briquet 26

## C

Les coudes 28
La cuiller à café 30

## D

Les doigts 31
Les doigts en angle droit 31
Les doigts comptables 32
Les doigts se croisent aussi 37
Les doigts de l'inspiration 44
Les doigts sucette 45
La calandre 49

## F

Les flancs 51

## G

À genoux 53
La gifle 54

## H

Les hanches 55

## I

Les index 59
Les index amoureux 59
Les index en double canon 60
Les index revolver 63

## J

Les jambes 67
La jambe boa 67
La jambe cariatide 68
Les jambes se croisent 70
Les jambes se croisent en X 81
Les jambes en équerre 83

## L

Les lèvres 86

## M

Les mains 87
Les mains bavardes 87
La main en cornet 93
La main dynamique 96
Les mains de Ponce Pilate 97
Les mains en prière 99
Les mains en sandwich 100
Les mains en tenailles 103

## N

La nuque 106

## O

L'œillade 106
L'oreille téléphonique 111

## P

Les paupières 113
Les pieds 115
Les pieds en danseuse 115
Les pieds perpendiculaires 118
La pince 120
Les poches 124
La poignée de main 129
Les poignets 139
Les pouces 143
Les pouces cachés 143
Les pouces démobilisés 143
Le pouce incarcéré 144
Les pouces marionnettes 148
Les pouces scotchés 149
Les pupilles 150

## R

Les rumoristes 151

## S

Les sourcils 154
Le stylo 157

## T

La tête ou les mains 158